JEAN DE SPONDE:
Les sonnets de la mort
ou
La poétique de l'accoutumance

$\mathfrak{S}$cripta $\mathfrak{H}$umanistica

Directed by
BRUNO M. DAMIANI
The Catholic University of America

ADVISORY BOARD

COLETTE H. WINN

Jean de Sponde:
Les sonnets de la mort
ou
La poétique de l'accoutumance

Scripta Humanistica

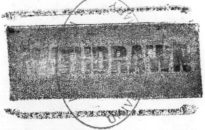

308803

Publisher and Distributor:
SCRIPTA HUMANISTICA
1383 Kersey Lane
Potomac, Maryland 20854 U.S.A.

© **Scripta Humanistica,** 1984
Library of Congress Catalog Card Number 83–051711
International Standard Book Number 0–916379–03–5

Printed in the United States of America
Impreso en Los Estados Unidos de América

à Jim et
à mes parents

Table de matières

Préface

Quelques décennies après la découverte de Sponde, son oeuvre poétique suscite encore un intérêt passionné. Colette Winn en présente une étude sans concessions, mais qui ne peut être négligée.

Dépassant, et c'est fort heureux, le recours superstitieux à telle ou telle "grille de lecture", elle aborde le texte en portant une attention aiguë à ses caractères stylistiques, de façon à en dégager et la signification et les éléments récurrents qui expriment cette signification.

Les observations faites sont d'un grand intérêt tant sur le plan théorique que sur le plan historique. Ainsi, l'emploi "discret" des sujets verbaux, la plénitude de sens des démonstratifs, la rareté des adjectifs constituent autant de traits distinctifs de la grammaire et du vocabulaire de Sponde. Le jeu subtil des figures de rhétorique (parallélismes, oppositions, répétitions), qui se déploie aux différents niveaux du texte, depuis les sons jusqu'aux résonances sémantiques profondes, traduit un goût certain pour une construction solide et sobre. Nous sommes ici loin du "baroque" ou même du maniérisme mis longtemps au compte de Jean de Sponde, mais sur la voie d'une esthétique classique ou du moins pré-classique.

Poussant enfin ses analyses aussi loin qu'elle le peut, et parfois jusqu'au point d'affronter consciemment la contradiction, Colette Winn, partant toujours du texte poétique, explore la signification de la thématique de Sponde. D'une façon qui presque toujours convainc, elle soutient la thèse que l'apparente pauvreté de cette thématique correspond à une nécessité profonde, à la reconnaissance forcée par Sponde, porte-parole de l'homme, de sa condition de créature menacée. A cet égard elle remarque qu'à la différence d'un Chassignet, qui voit dans la mort le remède aux maux de la vie, Sponde opte toujours pour la vie, qu'il convient seulement de "vivre honnêtement", sans jamais en oublier la fin immanente. En quoi il ouvre les voies à un thème que Montaigne développera amplement dans ses *Essais*.

L'ouvrage de Colette Winn, d'un abord difficile pour qui n'a pas suivi certains avatars récents de la critique, mérite pourtant, par sa rigueur et son intelligence, l'effort qu'il y a à faire pour l'apprécier. La méthode employée ne retiendra pas moins l'attention que l'application qui en est faite et les résultats auxquels elle permet d'aboutir. A une époque où l'on se demande parfois s'il est encore possible aux tenants des différentes méthodes critiques, traditionnelles ou modernes, de se mettre d'accord sur quelque conclusion que ce soit, l'ouvrage de Colette Winn montre que cette convergence n'est pas impossible et qu'elle peut valoir la peine d'être recherchée.

Frédéric Deloffre
Université de Paris-Sorbonne

Remerciements

Je tiens tout d'abord à adresser mes remerciements à ceux qui sont à l'origine de ce travail et qui en encouragèrent l'accomplissement, les Professeurs P. Sommers et A. Thiher. J'aimerais également faire savoir ma plus vive reconnaissance à celui qui, par ses précieux conseils et son inestimable soutien, en a permis l'épanouissement, le Professeur James F. Jones. Il me reste enfin à exprimer ma profonde gratitude au Professeur Frédéric Deloffre pour avoir, après examen, recommandé la publication de cet ouvrage à Scripta Humanistica et avoir eu la gentillesse d'en rédiger la préface.

Introduction

Jean de Sponde fut redécouvert en 1931 grâce à un article d'Alan Boase qui parut en janvier dans le *Criterion* sous le titre "Then Malherbe came"[1] et qui consistait en la présentation de plusieurs poètes de la même époque. D'autres travaux d'A. Boase contribuèrent à la résurrection de l'oeuvre spondienne: une étude avec des textes choisis dans la revue *Mesures* d'octobre 1939,[2] une édition des poésies publiée chez Droz en 1949 avec un essai sur la vie de Sponde par François Ruchon, et tout récemment en 1977, un ouvrage biographique.[3] Depuis les trois dernières décennies, Sponde a reçu une attention toute spéciale de la critique. Parmi ces travaux, il est possible de distinguer plusieurs orientations. Dans les années 1950–60, l'on s'est beaucoup interrogé sur l'appartenance de Sponde au courant baroque, ce qui a suscité plus tard une remise en question de l'œuvre dans le cadre du courant maniériste.[4]

---

[1] *Criterion*, 10 (January, 1931), 287–306.

[2] *Mesures*, 15 (October, 1939), 129–53.

[3] *Vie de Jean de Sponde* (Genève: Droz, 1977).

[4] Jean Rousset dans *La Littérature de l'âge baroque en France* (Paris: Corti, 1954) classe Sponde parmi les poètes de l'inconstance noire. Marcel Raymond, dans *Baroque et renaissance poétique* (Paris: Corti, 1955) définit la poésie spon-

1

L'on a aussi envisagé la poésie spondienne dans le cadre de la littérature pénitentielle de la fin du siècle.[5] Le titre de "Donne manqué," attribué à Sponde par A. Boase dans les *Poésies de Jean de Sponde* a fait l'objet de plusieurs travaux critiques qui se proposaient de déterminer la profondeur de cette poésie et de l'évaluer par rapport à la poésie métaphysique anglaise.[6] Certaines qualités originales du poète par rapport à ceux qui l'ont précédé ont été mises en relief dans les études de M. Richter,[7]

---

dienne comme pré-baroque. Quelques années plus tard, dans un article intitulé "Le Baroque littéraire français: état de la question," *Studi Francesi*, 13 (1961), 23–29, il reconsidère la poésie spondienne dans le cadre du maniérisme fin de siècle. Enfin, dix ans plus tard, dans *La Poésie française et le maniérisme, 1546–1610* (Genève: Droz, 1971), il détermine la place de Sponde dans le courant anticicéronien. Dans la même orientation sont à mentionner les études de: Ilona Coombs, "Baroque Elements in Jean de Sponde's *Stances de la Mort*," *Esprit Créateur*, 1 (1961), 86–90; Gilbert Dubois, "Autour d'un sonnet de Jean de Sponde (Sonnet de la Mort, XII)—Recherche d'un élément baroque," *L'Information Littéraire*, 19 (1967), 86–92; Olivier de Magny, "Sponde," *Lettres Nouvelles*, 4ᵉ année, No 35 (1956), 240–246; Odette de Mourgues, *Metaphysical, Baroque and Precieux Poetry* (Oxford: Clarendon Press, 1953); Marcel Tetel, "Mannerism in the imagery of Sponde's *Sonnets de la Mort*," *Rivista di Letteratura Moderne e Comparate*, 21 (1968), 5–12; D. S. Wilson, "The language of the French Baroque: Levels of Structure in the Poetry of J. de Sponde, J. de la Ceppède, and T. Viau." Thèse non publiée (Berkeley: University of California, 1970).

  [5] Voir l'analyse de l'ars "bene vivendi" et "bene moriendi" de Giuseppe O. Brunelli, "Jean de Sponde 'Enoch e Elie' e il sonnet XII," *SFr*, 2 (1958), 429–31; consulter aussi l'excellent ouvrage de T. C. Cave, *Devotional Poetry in France* (Cambridge: Cambridge University Press, 1969) où, bien qu'admettant l'appartenance de la poésie spondienne à la tradition *vanitas vanitatum*, il reconnaît l'originalité du poète dans son choix de procédés stylistiques. Pour des références plus générales, l'on renvoie à Louis Martz, *The Poetry of Meditation* (New Haven: Yale University Press, 1969).

  [6] Mme Odette de Mourgues constate que Sponde a peu conscience des implications métaphysiques; le traitement ironique et dramatique du thème de la mort et du conflit chair-esprit lui fait toutefois reconnaître en Sponde l'un des poètes français qui se rapprochent le plus des poètes métaphysiques anglais. Ce côté métaphysique de la poésie spondienne est remis en question par Mme Laura Durand dans l'article "Sponde and Donne: Lens and Prism," *Comparative Literature Studies*, 21 (1969), 319–36.

  [7] Mario Richter dans *Sponde e la lingua poetica dei Protestanti nel Cinquecento* (Milano: Cisalpino La Goliardica, 1973) constate que les techniques recommandées par la rhétorique traditionnelle ne servent chez Sponde qu'à mieux réaliser l'image de la structure psychologique.

E. Dubruck,[8] R. Griffin,[9] T. C. Cave et G. Natoli[10] et J. Sacré.[11] Les études minutieuses de J. C. Carron,[12] G. Dubois, R. Griffin, M. Richter,[13] bien que portant, pour la plupart, sur un seul sonnet, ont grandement contribué à l'appréciation des *Sonnets de la Mort*, poèmes généralement considérés comme le chef d'oeuvre de Sponde, tant par leur accent original que par leur maîtrise technique. Enfin, assez récemment, les ouvrages de Soeur Marie du Crucifix Caron et de Laura Durand[14] ont visé à replacer l'oeuvre spondienne dans une perspective historique et à la réévaluer par rapport aux oeuvres représentatives de la Renaissance française.

Dans le cadre d'une analyse stylistique où il s'agira d'examiner les niveaux syntaxique et sémantique des textes poétiques, l'on se propose ici de mettre en valeur certains aspects des *Sonnets de la Mort* qui, malgré ce corps considérable d'études critiques, semblent avoir été jusqu'à présent plutôt négligés, aspects qui nous permettront de reconsidérer cette oeuvre dans le courant poétique de la fin du XVIe siècle et de distinguer Sponde comme poète de la vie. Cette étude s'inscrit dans un courant de recherche qui donna dans les années soixante un nouvel essor à la poétique. Les principaux repré-

---

[8] Voir "Three Religious Sonneteers of the Waning Renaissance: Sponde, Chassignet and Ceppède," *Neophilologus*, 54 (1970), 233–43; *The Theme of Death in French Poetry of the Middle Ages and the Renaissance* (London, The Hague, Paris: Mouton, 1964).

[9] "Sponde's 'Sonnet de la Mort' XII: The World, The Flesh and the Devil," *Romance Notes*, 9 (1967), 102–106.

[10] T. C. Cave, "The Love Sonnets of Sponde: A Reconsideration," *Forum for Modern language Studies*, 3 (1967), 49–60; G. Natoli, *Figure e problemi della cultura francese* (Messina-Firenze: Casa editrice G. d'Anna, 1956). Ces deux ouvrages s'appliquent essentiellement à la poésie amoureuse.

[11] Voir *Un Sang maniériste: Analyse structurale autour du mot sang* (Neuchâtel: La Baconnière, 1977).

[12] "Sponde, 'Et quel bien de la mort?' ", *French Studies*, 31 (1977), 129–38.

[13] Dubois et Griffin, *op. cit.*; M. Richter, "Lettura dei *Sonnets de la Mort* di Sponde," *Bibliothèque d'Humanisme et Renaissance*, 30 (1968), 327–45.

[14] Soeur Marie du Crucifix Caron, "La Pensée et le style de Sponde dans ses 'Poésies' et 'Méditations'." Thèse non publiée (University of Wisconsin, 1966); Laura Durand, "The Poetry of Jean de Sponde: A Critical Evaluation." Thèse non publiée (University of Michigan, 1963).

3

sentants de ce domaine de recherches stylistiques sont Jakobson et Ruwet[15] sur les travaux desquels s'appuyent les descriptions syntaxiques et Riffaterre, Greimas, Van Dijk, et les linguistes de Liège[16] dont on s'est inspiré pour les analyses sémantiques. Leurs recherches ouvrent des perspectives nouvelles aux études de description de textes et visent à examiner le processus de production et donc à dégager la signification du texte non à partir de l'écrivain mais à partir de la langue même, de la structure linguistique ou encore de la substance. Cela signifie que l'on récuse ici en tant que *seuls* principes d'explication toutes informations extérieures au message telles que renseignements biographiques, historiques, intentions de l'auteur. L'on s'est toutefois appuyé sur ces informations lorsqu'elles venaient dissiper une ambiguïté ou confirmer une hypothèse du discours analytique. Ainsi, l'on sait que Sponde a fait de nombreux emprunts au dictionnaire culturel de son époque. Le lecteur du seizième siècle n'ignorait sans doute pas qu'il se référait fréquemment à la Bible. Or, cette information s'est révélée précieuse lorsqu'il s'est agi de préciser les valences sémiques de certains lexèmes qui renvoyaient à un contexte narratif que le lecteur était supposé connaître car, comme le précise H. Jauss, "la réception d'un texte présup-

---

[15] R. Jakobson, *Essais de linguistique générale* (Paris: Editions de Minuit, 1963); *Questions de poétique* (Paris: Seuil, 1973); R. Jakobson et Cl. Lévi-Strauss, "Les Chats de Baudelaire," *L'Homme*, 2 (1962), 5–21; N. Ruwet, *Théorie syntaxique et syntaxe du français* (Paris: Seuil, 1972); "Analyse structurale d'un poème français: Un Sonnet de Louise Labé," *Linguistics*, 3 (January 1964), 62–83; "Analyse structurale de la poésie," *Linguistics*, 2 (December, 1963), 38–60.

[16] M. Riffaterre, *Essais de stylistique structurale* (Paris: Flammarion, 1971); *La Production du texte* (Paris: Seuil, 1979); *Semiotics of Poetry* (Indiana University Press, Bloomington, 1978); A. J. Greimas, *Sémantique structurale* (Paris: Larousse, 1966); *Du Sens* (Paris: Seuil, 1970); *Essais de sémiotique poétique* (Paris: Larousse, 1972); Teun A. Van Djik, "Aspects d'une théorie générative du texte poétique," dans *Essais de sémiotique poétique*, pp. 180–206; "Sémantique structurale et analyse thématique. Un essai de lecture: André du Bouchet: 'Du bord de la faux'," *Lingua*, 23 (1969), 28–53; J. Dubois, F. Edeline, J. M. Klinkerberg, Ph. Minguet, *Rhétorique de la poésie: Lecture linéaire, lecture tabulaire* (Bruxelles: Presses Universitaires de France, 1977); "Lecture du poème et isotopies multiples," *Le Français Moderne*: Revue de linguistique française, 42e année, 3 (juillet 1974), 206–17.

pose toujours le contexte d'expérience antérieure dans lequel s'inscrit la perception esthétique" (*Pour une esthétique de la réception*: Paris, Gallimard, 1978, p. 51).

De façon à rendre la méthode d'analyse plus claire, on formulera à présent les prémisses théoriques. Premièrement, à la manière de Geninasca,[17] l'on pose que:

> Le poème, en tant que message, est une unité significative articulée en sous unités fonctionnelles qui entretiennent trois types de rapport, hiérarchique (d'emboîtement), syntagmatique (de succession), paradigmatique (de ressemblance et de différence); les classes d'équivalence repérables au plan de l'expression ont pour fonction d'indexer des correspondances au plan du contenu; les relations décrites au niveau du signifiant assument dans le meilleur des cas, une fonction sémantique: elles sont les représentamen... des relations constitutives de la forme du contenu.

Essentiel au discours analytique est le concept de couplage (coupling), introduit par Samuel Levin dans son essai *Linguistic Structures in Poetry* (The Hague: Mouton and Co., 1961). Le terme "couplage" indique que deux termes partagent plus d'un trait en commun ou encore qu'ils font partie au moins de deux classes d'équivalence. L'étude des couplages implique les deux axes du langage: l'axe syntagmatique et l'axe paradigmatique. Levin retient trois types de rapport selon que le facteur déterminant l'appartenance à la classe d'équivalence est linguistique, naturel ou conventionnel. Les éléments par rapport auxquels les classes d'équivalence sont déterminées ou plus simplement le "tertium comparationis" peut être de nature linguistique c'est à dire que les classes d'équivalence sont alors définies d'après la distribution de leurs membres dans les énoncés. Appartiennent donc à la même classe des éléments qui peuvent occuper la même position dans l'énoncé relativement à d'autres éléments. Le tertium comparationis peut être défini comme naturel c'est à dire qu'il est constitué d'éléments extra-linguistiques ou, conformément à la formule d'Hjelmslev, "d'éléments relevant de la Matière" (*Prolegomena*

---

[17] *Analyse structurale des Chimères de Nerval* (Neuchâtel: La Baconnière, 1971), p. 18.

5

to a Theory of Language, Paris: Minuit, 1971, pp. 101–105), de l'expression (éléments phoniques) ou du contenu (éléments sémantiques). Enfin, l'on peut qualifier le tertium comparationis de conventionnel; cette fois c'est l'ensemble des conventions observées par le poème (mètre, rime) qui est pris en considération pour déterminer les classes d'équivalence.

On adopte également la distinction de Levin entre positions équivalentes comparables et positions équivalentes parallèles. Ainsi, par positions équivalentes comparables, on distingue les éléments occupant ces positions, qui sont définis comme équivalents par rapport à un troisième élément. En revanche, par positions équivalentes parallèles, on désigne les éléments, occupant ces positions, qui entretiennent la même relation avec des éléments différents. Ces dernières positions sont généralement considérées supérieures aux autres du fait qu'elles impliquent nécessairement une nouvelle équivalence positionnelle entre les éléments auxquels les premiers éléments renvoient.

Dans les descriptions syntaxiques, l'on retiendra les classes d'équivalence qui relèvent de la forme linguistique et de la forme conventionnelle. En ce qui concerne la forme conventionnelle, on se bornera ici à l'organisation prosodique c'est à dire que l'on examinera la frontière des constituants syntaxiques avec celle des vers de façon à voir si celles-ci coïncident ou, au contraire, si elles se chevauchent. Ceci nous permettra de mettre en relief de nouvelles équivalences positionnelles. La plupart des cas justifient la remarque de Ruwet selon laquelle: "les couplages jouent le rôle d'un opérateur qui, plaçant les éléments, mettons x et y, dans des positions, syntagmatiques et/ou prosodiques équivalentes, révèle par là même, entre ces éléments, des relations sémantiques cachées ou peu évidentes."[18] Pour les analyses sémantiques, on se limite à la face signifié du langage; on étudie alors les relations entre signifiés de façon à dégager la structure sémantique immanente au texte. Il est ainsi possible d'analyser les rap-

---

[18] *Linguistics*, 2, *op. cit.*, p. 50.

ports entre cette structure sémantique et la construction thématique. Pour la description du côté sémique des signes, on emprunte directement à la terminologie de Greimas. Ainsi, le lexème qui renvoie à un référent extra-linguistique désigne "le lieu de manifestation et de rencontre de sèmes provenant souvent de catégories et de systèmes sémiques différents et entretenant entre eux des relations hiérarchiques" (*Sémantique structurale*, p. 38) ou, plus simplement le sens global. Le sème représente les variations du contenu du lexème, les variations contextuelles et peut être défini comme "un conglomérat ou une hiérarchie de sèmes" (J. Fisette, *Le texte automatiste*, Montréal, 1977, p. 30). Enfin, le sème comprend les éléments sémiques minima qui résident à la base même des sémèmes. Vu la difficulté de rendre chaque sème par un terme abstrait bien approprié, on a souvent recours à des termes approximatifs. De plus, une description détaillée pour chaque lexème étant bien sûr impossible, on se borne à décrire les lexèmes sémiquement riches. Noter la composition sémique ou sémémique des lexèmes exigerait que l'on mentionne tous les éléments possibles ou virtuels; cependant, pour abréger la description, on a recours à une première lecture globale qui indique les grandes lignées sémiques et écarte en même temps certaines "possibilités." Les régions associatives et connotatives autour du lexème sont également signalées afin de pouvoir rendre compte de certaines occurences poétiques. C'est là qu'entre en jeu la remarque de Jakobson: "la fonction poétique projette le principe d'équivalence de l'axe de la sélection sur l'axe de la combinaison" (*Essais de linguistique générale*, p. 220). Cette description met en valeur certaines équivalences, certaines "identités sémiques partielles" (Greimas, *Sémantique structurale*, p. 115). La répétition des sèmes à travers les différents lexèmes permet alors d'établir les diverses régions sémiques et de dégager les différentes isotopies du texte.

Au cours de cette étude, l'on se sert aussi du concept d'homologie. D'après Ruwet, "si le principe des positions parallèles se laisse ramener à la formule A:B : :C: D (du point de vue des positions syntagmatiques), et celui des positions comparables à A: C::B C (id.), on n'aura pas de peine à trouver des exemples où les mêmes formules valent, mais sur un plan purement sémantique."[19] Dans *Sémantique structurale*, Greimas introduit le concept d'homologation comme une procédure qui vient compléter les démarches de réduction et de structuration. Il définit ce concept ainsi: "deux sémèmes S et S' seront dits homologues par rapport à non S et non S' s'ils possèdent en commun un contenu sémique s (c'est à dire au moins un sème), qui, considéré comme terme positif, est présent en même temps, sous sa forme négative de non s, dans les sémèmes non S et non S' " (pp. 168–169). A l'aide de ce concept, on peut alors décrire le discours comme un système de relations, en établissant des classes d'équivalence articulées deux à deux et on peut parfois réinterpréter des relations qui avaient été relevées au niveau syntaxique.

L'appel à ces méthodes d'analyse paraît justifié dans la mesure où l'on a pu, à partir de l'étude scrupuleuse de l'expression, extraire les structures du langage poétique et ainsi mieux apprécier les qualités stylistiques de l'oeuvre. Il a été possible de distinguer, à la base même des textes, plusieurs principes structurateurs que l'on pourrait définir comme parallélisme, répétition et opposition. Ces principes, essentiels au style de Sponde, se manifestent aussi bien au niveau syntaxique qu'au niveau sémantique et montrent que, dans cette poésie, fond et forme sont toujours étroitement liés, le premier élément primant et déterminant le second pour former le corps parfait de l'oeuvre. Par l'analyse sémantique, on a réussi à dégager les structures profondes du texte c'est à dire à mettre à jour la véritable organisation thématique. Fouillant le texte en profondeur, cette approche a fourni une analyse plus fine que l'analyse thématique traditionnelle. Elle a apporté certains éclaircissements quant à l'interprétation ou le sens pluriel des sonnets et a permis de réorienter la critique. Enfin, il reste à souligner la concordance entre le type d'écriture de l'oeuvre et la problématique posée. L'approche s'avère en effet rentable dans la mesure où les analyses des poèmes présupposent un

---

[19] *Ibid.*, p. 51.

8

texte conçu comme univers clos, fortement structuré; or, les poèmes qu'on a choisi ici d'examiner répondent précisément à cette esthétique de l'oeuvre.

Cet ouvrage s'organise de la manière suivante: dans un premier chapitre intitulé "Structures poétiques", on dégage, à partir de l'étude de la distribution syntaxique, certaines caractéristiques de la poésie spondienne qui permettent de définir celle-ci dans le cadre des tendances poétiques de la fin du seizième siècle. Un deuxième chapitre "Le poème comme amplification" consiste à étudier le processus de production à partir d'un noyau sémique. Le chapitre suivant "Le triomphe de la Chair" montre que les effets stylistiques, souvent déterminés par la pensée, s'avèrent être un procédé efficace pour reproduire la structure psychologique et communiquer l'expérience intime du poète. Le quatrième chapitre "La sémantique du poème: sonnet II, proposition de lecture" démontre la validité de l'analyse sémantique en proposant une nouvelle interprétation de ce poème. A travers une analyse sémantico-thématique, on reconsidère dans le cinquième chapitre la thématique des *Sonnets de la Mort*. Enfin, dans le dernier chapitre, on reprend la même méthode d'analyse que dans le chapitre précédent afin de mettre à jour l'originalité des *Sonnets de la Mort* par rapport à une oeuvre à laquelle ils sont souvent comparés, à savoir le *Mespris de la Vie et Consolation contre la Mort* de Jean-Baptiste Chassignet et de distinguer le parcours méditatif des deux poètes. En conclusion sont réinterprétés les résultats de ces études dans une perspective d'ensemble. Enfin, pour faciliter la lecture de cet ouvrage, on a défini dans un glossaire les termes techniques utilisés au cours du travail.

9

Chapitre premier

Structures poétiques

> Est dit écrivain, non pas celui qui exprime sa
> pensée, sa passion ou son imagination par
> des phrases mais celui qui pense des phrases:
> un Pense-Phrase (c'est à dire: pas tout à fait
> un penseur, et pas tout à fait un phraseur).
> Roland Barthes, *Le Plaisir du texte*.

Non innovateur du point de vue de la forme, Jean de
Sponde réussit pourtant à se créer un style propre. Il est vrai
qu'il utilise le sonnet en alexandrins avec la rime marotique et
que, fidèle aux prescriptions de la Pléiade, il adopte "les vers
mesurés à la lyre," alternant rimes masculines et féminines.
Par le choix rythmique, il donne cependant à sa poésie une
touche plus personnelle. Certains de ses poèmes se distin-
guent ainsi par le pied initial de deux vers:

Hélas! contez vos jours (X)
Qui sont, qui sont ceux-là (IX)[1]

Dans ces textes, le schème 2 + 10 n'apparaît qu'au premier
vers. En revanche, dans le premier sonnet, cette coupe irrégu-
lière est répétée à plusieurs reprises dans le poème (vss 1, 2, 3,

---

[1] Toutes les citations viennent de: Jean de Sponde, *Oeuvres littéraires*, ed.
A. Boase (Genève: Droz, 1978).

10

4, 5, 12). Aux vers 1, 2, 3 et 12, la division rythmique 2 + 10, légèrement modifiée au troisième vers selon le schème 1 + 11, est d'autant plus sensible qu'elle est renforcée par la ponctuation, assurant ainsi la mise en relief des mots-valeurs.

L'ouverture brutale de ces poèmes, au moyen de questions ou d'interjections, a été fréquemment soulignée par la critique: Mais si faut-il mourir (II), Ha! que j'en voy bien peu songer à ceste mort (III), Pour qui tant de travaux? Pour vous? (IV), Qui sont, qui sont ceux-là...? (IX), Et quel bien de la mort? (XI). A. Boase dans ces remarques sur les *Poésies de J. de Sponde* note l'allure poignante que ces interjections et interpellations confèrent aux sonnets. T. C. Cave dans un ouvrage bien connu *Devotional Poetry in France* (Cambridge, 1969) en souligne le caractère inquiétant qui "force" le lecteur directement dans la discussion. Inattendues, ces propositions qui semblent répondre à quelque chose de précédemment énoncé visent en effet à renforcer la valeur dynamique du premier vers. Le sonnet VI présente une variation de cet effet.

> Tout le monde se plaint de la cruelle envie
> Que la nature porte aux longueurs de nos jours:
> Hommes, vous vous trompez, ils ne sont pas trop cours,
> Si vous vous mesurez au pied de vostre vie.
>
> Mais quoy? je n'entens point quelqu'un de vous qui die:

Rejetée en tête du deuxième quatrain, l'interjection marque une rupture nette entre les deux premières strophes, un brusque changement de ton. L'interjection imprévisible frappe d'autant plus le lecteur qu'elle vient interrompre un passage fortement structuré qui reproduit une solide argumentation. T. C. Cave relève dans la poésie amoureuse les violents changements de tons, d'humeurs, d'avis, ce mélange d'imprévu et de contrôle, d'urgence et de symétrie qui caractérisent le style même de Sponde.[2] Procédé stylistique qui rappelle particulièrement le style accidenté des poètes maniéristes dont "les procédés d'énergétique (moyens de sur-

---

[2] Voir "The Love Sonnets of Sponde: A Reconsideration," *FMLS*, 3 (1967), p. 55.

prise, rejets, enjambements) témoignent...de la tension intérieure de la pensée et de son dégagement spasmodique."[3] D'une manière générale, ces effets saccadés se trouvent exclusivement dans le(s) premier(s) vers, vers souvent marqué(s) par un enjambement. Dans le reste du poème, Sponde a recours à un rythme plus régulier, à une cadence bien équilibrée par des structures parallèles.

En ce qui concerne la hiérarchie syntaxique et l'organisation prosodique, l'on note dans la poésie spondienne une certaine tendance classique à faire coïncider les deux. S'éloignant de la stylistique baroque, Sponde utilise rarement l'enjambement. De plus, celui-ci a toujours un caractère fonctionnel. Basé sur la structure syntaxique, il sert parfois à souligner un parallélisme syntaxique, parallélisme qui accuse à son tour une équivalence ou une divergence sémantique.

> Hélas! contez vos jours: *Les jours qui sont passez*
> Sont desja morts pour vous, *ceux qui viennent encor*

L'enjambement rend possible le parallélisme entre des phrases aux structures identiques et, par conséquent, facilite la mise en relief de l'opposition temporelle (passé vs futur) et du rapport d'antonymie entre les verbes (''passer'' vs ''venir''). Dans le deuxième sonnet, l'enjambement, forçant le parallélisme entre les deux derniers hémistiches, semble autoriser une nouvelle lecture du sonnet.[4]

> Mais si faut-il mourir, *et la vie orgueilleuse,*
> Qui brave de la mort, *sentira ses fureurs*

La vie orgueilleuse, bravade à la mort, sentira ses propres fureurs. Cette lecture est d'ailleurs soutenue du point de vue sémantique dans la mesure où ''brave'' qui se rapporte à ''vie'' comprend les sèmes agressivité et violence que l'on retrouve également dans ''fureurs.'' Ailleurs, l'enjambement vise à accentuer un mot-valeur.

> Pour qui tant de travaux? Pour vous? de qui l'haleine
> *Pantelle* en la poictrine et traine sa langueur?

---

[3] Marcel Raymond, *La Poésie française et le maniérisme: 1546–1610?* (Paris: Corti, 1971), p. 34.
[4] Cette interprétation sera développée au chapitre 4.

La mise en relief du terme "pantelle" qui insiste sur la faiblesse, la "temporalité" de l'être humain et vient directement s'opposer à "tant de travaux," est particulièrement efficace pour démontrer le néant des activités humaines. Dans le onzième sonnet, le rejet des mots-valeurs contribue à un effet d'ironie.

> Et quel bien de la Mort? où la vermine ronge
> *Tous ces nerfs, tous ces os*: où l'Ame se départ
> *De ceste orde charongne*, et se tient à l'escart

Le rapport entre la première proposition, "Et quel bien de la Mort," et les mots-valeurs "nerfs," "os," "charongne" est fondé sur la démonstration. Or, le poète se révolte ici contre l'idée religieuse de la mort positive; par la mise en relief des mots-valeurs, il en souligne fort ironiquement les aspects "bénéfiques." Enfin, dans le huitième sonnet, la mise en relief de termes à fortes résonances pascaliennes prend une valeur démonstrative; elle traduit l'engagement du poète et son effort pour ramener l'homme à la lucidité, à la juste mesure et l'engager au bien-vivre.

> C'est le train de nos jours, c'est ceste outrecuidance
> Que *ces Monstres de Terre* allaitent de leur sein

L'enjambement le plus hardi semble être le rejet du déterminant en tête du vers suivant. Cet effet est possible avec la construction prépositionnelle d^e (déterminé)-préposition-D (déterminant) qui assure un lien moins fort que la qualification adjectivale. On relève deux exemples de cet emploi dans les *Sonnets de la Mort.*

> Vous qui ramoncelez vos trésors des trésors
> *De ceux* dont par la mort la vie fut ravie: (I)

> Ces masques desguisez, dont la troupe folastre
> S'amuse à carresser je ne scay quels donneurs
> *De fumées* de Court, et ces entrepreneurs
> De vaincre encor le Ciel qu'ils ne peuvent combatre? (IX)

Dans ce dernier exemple, le rejet, inhabituellement répété, a pour fonction de souligner plusieurs équivalences sémantiques qui se manifestent à travers le sème divertissement ("masques desguisez," "s'amuse") et le sème déguisement

13

("masques desguisez," "carresser," "fumées de Court"). L'accentuation du terme "fumées" s'inscrit dans l'entreprise de démystification de la vie. L'absurdité, l'insignifiance des actions humaines, ainsi figées dans cette image de l'évanescence, sont actualisées dans le vers suivant par cette autre image de l'infirmité de l'homme contrastée avec la démesure de ses désirs.

En ce qui concerne la structure même du sonnet, Sponde semble donner sa préférence à un mode d'agencement qui oppose les quatrains aux tercets. En général, les quatrains se distinguent par une plus grande complexité syntaxique. Extension de la syntaxe au delà de la limite des vers, expansion dynamique,[5] enchevêtrement de propositions en sont les caractéristiques stylistiques. Ainsi, dans le premier sonnet, l'expansion dynamique se fait à partir d'un seul mot, déterminé par une relative.

> *Mortels*, qui des mortels avez pris vostre vie,
> *Vie* qui meurt encor dans le tombeau du Corps,
> *Vous* qui ramoncelez vos trésors, des trésors
> *De ceux* dont par la mort, la vie fust ravie:

La reprise du second actant[6] de la première proposition comme antécédent de la seconde contribue à une impression de continuité et de fluidité et vient efficacement reproduire le retour cyclique de la vie et de la mort et l'inévitabilité de la fin. Le vers 4 présente un effet semblable; c'est alors le déterminant du circonstant qui donne lieu à une relative. Dans le deuxième quatrain, l'amplification est réalisée par la simple répétition d'un terme ou d'une sonorité, répétition qui n'est certes pas sans rapport avec le sens.[7]

---

[5] On emprunte l'expression à D. S. Wilson, "The Language of the French Baroque: Levels of Structure in the Poetry of J. de Sponde, J. de la Ceppède et T. Viau." Thèse non publiée (University of California, 1970), p. 83.

[6] Le terme vient de L. Tesnière, *Eléments de syntaxe structurale* (Paris: Klincksieck, 1959) et désigne dans la grammaire traditionnelle le complément d'objet direct.

[7] M. Raymond, *op. cit.*, p. 31 souligne le pouvoir d'incantation de ce genre de répétitions chez Sponde. Voir aussi E. Dubruck, *The Theme of Death in*

Vous qui voyant des *morts* leur *mort* entresuyvie,
N'avez point de *maisons* que les *maisons* des *morts*,
Et ne sentez pourtant de la *mort* un re*mors*,
D'*où* vient qu'au *souvenir* son *souvenir* s'*ou*blie?

Au sonnet IX, l'amplification se fait à partir d'un noyau inter-rogatif (Qui sont-pN + V) qui est ensuite répété et enrichi à l'aide d'un pronom démonstratif.

Qui sont, qui sont ceux-là, dont le coeur idolatre
Se jette aux pieds du Monde, et flatte ses honneurs?
Et qui sont ces valets, et qui sont ces Seigneurs?
Et ces ames d'Ebène, et ces faces d'Albastre?

Cette première expansion syntaxique est mise en relief par la virgule qui coupe le premier hémistiche en 2 + 4. Une deuxième amplification apparaît au niveau des relatives qui dépendent de la deuxième interrogative. Les deux derniers vers de la strophe décrivent un mouvement opposé; l'expan-sion syntaxique s'y trouve ralentie. Le noyau interrogatif, pré-cédé de la conjonction de coordination "et" réapparaît au troisième vers. Il est alors simplement suivi d'un syntagme nominal qui se décompose de la sorte: D + d^e. Au quatrième vers, le noyau interrogatif disparaît totalement;[8] seuls la con-jonction de coordination et le syntagme nominal sont pré-sents. Ce dernier est alors amplifié d'un nouveau déterminant ou plus précisément de la construction prépositionnelle, de-N, qui a pour effet de donner un relief tout spécial à chacun des éléments. La structure syntaxique de cette strophe qui décrit un mouvement circulaire nous frappe par sa parfaite symétrie. En effet, l'on retrouve en fin de strophe tout comme au pre-mier vers une série de constructions paratactiques. L'expan-sion syntaxique entre temps vient équilibrer la simplicité et la monotonie de telles constructions. La troisième strophe répète le mouvement de la première.

Qui sont ces louvoyeurs qui s'esloignent du Port?

French Poetry of the Middle Ages and the Renaissance (London-The Hague-Paris: Mouton, 1964), pp. 126–132.
[8] Ce poème présente plusieurs exemples du tour elliptique qui a souvent été noté par la critique comme représentatif du style anticicéronien.

Hommagers à la Vie, et félons à la Mort,
Dont l'estoille est leur Bien, le vent leur Fantasie?

L'expansion syntaxique se fait encore une fois à partir du noyau interrogatif. Pareillement au premier quatrain, on note ici une certaine préférence pour la syntaxe nominale, le retour d'une syntaxe paratactique et d'une rigoureuse distribution syntaxique. Tout comme dans la première strophe, les effets de symétrie sont obtenus d'une part par la répétition d'un même modèle syntaxique (vss 10 et 11) et d'autre part par la reprise d'un même élément syntaxique (vs 9, qui...qui). Dans plusieurs sonnets, l'expansion syntaxique se présente comme un simple enchaînement de propositions relatives:

> Voulez-vous voir ce traict *qui* si roide s'eslance
> Dedans l'air *qu'*il poursuit au partir de la main? (VIII)

Le procédé est d'ailleurs repris au deuxième quatrain:

> C'est le train de noz jours, c'est ceste outrecuidance
> *Que* ces Monstres de Terre allaittent de leur sein,
> *Qui* baise ores des monts le sommet plus haultain

Les vers rapportés (sonnet XII) illustrent de manière plus frappante ce procédé:

> Et le Monde et la Chair, et l'Ange révolté,
> *Dont* l'onde, *dont* l'effort, *dont* le charme inventé
> Et m'abysme, Seigneur, et m'esbranle, et m'enchante.

Ce procédé d'entassement, cher aux poètes typiquement baroques chez qui il trahit un goût marqué pour la démesure, pour la disproportion, pour tout excès du langage, est strictement contrôlé chez Sponde.[9] Appelé par la thématique, il présente la plupart du temps un caractère fonctionnel. Ainsi, dans ce dernier exemple, le procédé d'accumulation renforcé par le rythme ternaire rend parfaitement compte du harcèlement du chrétien en proie aux tentations mondaines, char-

---

[9] T. C. Cave, *op. cit.*, p. 178, considère le procédé d'accumulation fondamental à la structure des *Sonnets de la Mort*; il fait toutefois allusion à l'entassement de questions dans les sonnets IV, IX et XI ou d'images dans le sonnet II. Pour ce dernier procédé, on parlera de redondance sémantique.

nelles et diaboliques.[10] Au débit irrégulier de la pensée, le poète béarnais préfère en général une cadence réglée, rendue par une syntaxe plus contrainte, un rythme plus régulier. Les tercets accusent souvent ce goût de la simplicité, de la modération, de la clarté. Ces strophes sont en effet composées de propositions indépendantes, simplement juxtaposées ou coordonnées par l'élément de liaison "et." Les phrases sont dans l'ensemble courtes et concises, occupant souvent un seul hémistiche. L'influence biblique y est plus évidente; elle se manifeste dans le choix de parallélismes syntaxiques, de constructions paratactiques bien équilibrées.

Alors que les quatrains sont consacrés aux passages descriptifs et déclaratifs, les tercets exposent les conséquences de la situation décrite ou la leçon à tirer. Sponde structure le texte de façon à amener progressivement une sorte de pointe en conclusion. Le traitement dialectique des thèmes favorise cet effet.[11] La conclusion est donc en général la mise en relief des relations d'opposition énoncées dans les strophes précédentes. Ainsi, au sonnet VI (vers 12), la répétition du modèle syntaxique (conj + mot interrogatif + D-d^e) est doublée d'une redondance sémantique. Dans le dernier vers, les modèles syntaxiques, partiellement composés d'éléments sémantiques équivalents ("fuite," "course"), soulignent le rapport antonymique des autres éléments ("Vie" vs "Mort").

> Mais pourquoy ce souci? mais pourquoi cest effort?
> Scavez-vous bien que c'est le train de ceste vie?
> La fuite de la Vie, et la course à la mort.

Le sonnet V est construit d'une manière légèrement différente.

> Une heure vous attend, un moment vous espie,

---

[10] Voir à ce propos l'étude de G. Dubois, "Autour d'un sonnet de Sponde: Recherche d'un élément baroque," *IL*, 19 (1967), p. 88. M. Dubois relève dans l'organisation méthodique des mots qui représentent les tentations un excès de régularité qu'il interprète comme un signe baroque d'ostentation.

[11] M. Tetel note là une caractéristique du style maniériste. Voir "Mannerism in the imagery of Sponde's *Sonnets de la Mort*," *RLMC*, 21 (1968), p. 5.

> Bourreaux desnaturez de vostre propre vie,
> Qui vit avec la peine, et meurt sans le repos.

Au vers 12, l'équivalence syntaxique est encore une fois accompagnée d'une redondance sémantique. En revanche, au vers 14, les éléments sémantiques des modèles syntaxiques sont tous dans des rapports d'antonymie. La relation "vie" vs "mort" se trouve ainsi renouvelée et amplifiée par la relation des autres éléments. Dans le sonnet III, la répétition de structures syntaxiques similaires (la similarité étant achevée par l'emploi de la tournure affirmative pour les interrogatives) sert à traduire le climat de tension développé dans le poème.

> Géants, où poussez-vous ces beaux amas de poudre?
> Vous les amoncelez? Vous les verrez dissoudre:
> Ils montent de la Terre? Ils tomberont des Cieux.

La tension est ici rendue par de fortes oppositions au niveau des catégories temporelles (présent vs futur) et au niveau sémantique, les termes entretenant tous des rapports d'antonymie: "amoncelez" vs "dissoudre;" "montent" vs "tomberont;" "Terre vs Cieulx." Dans ces trois exemples, les oppositions sémantiques sont soulignées par le parallélisme syntaxique. Le premier sonnet présente une variation de cette méthode.

> un oubly d'une mort——art-N + prep-art-N
> un souvenir d'une éternelle vie—art-N + prep-art-adj-N

La même structure est ici reprise à l'exception d'un seul élément qui acquiert une mise en relief toute spéciale du simple fait qu'il ne se conforme pas à la symétrie complète. Ces groupes nominaux se distinguent aussi par leur fonction qui leur vaut une position différente dans la chaîne parlée. La valeur du second groupe se trouve ainsi accrue de par sa position finale.[12]

---

[12] Dans l'ouvrage déjà cité de M. Wilson, le même exemple est examiné. Dans l'ensemble, les lignes directrices de cette étude syntaxique rejoignent les siennes; ses remarques s'appliquent toutefois plus souvent à la poésie amoureuse; c'est peut-être d'ailleurs pour cela que nos conclusions n'aboutissent pas toujours au même point. La syntaxe des *Sonnets d'Amours*, marquée

L'arrangement des structures symétriques prend une valeur significative dans la poésie spondienne. Dans le sonnet V, le changement de position du modèle syntaxique et l'inversion des éléments à l'intérieur de celui-ci reproduisent le bouleversement de situation affectant le vous qui passe de "dominant" à "dominé."[13]

> Mille flots, mille escueils font teste à vostre route,
> Vous rompez à travers, mais à la fin sans doubte,
> Vous serez le butin des escueils et des flots.

Dans le deuxième sonnet, le déplacement du modèle syntaxique, tout en conférant un tour circulaire au poème, s'accompagne d'un changement quant à sa charge sémantique.

> Mais si faut-il mourir, et la vie orgueilleuse
> . . . . .
> Vivez, hommes, vivez, mais si faut-il mourir.

Placé en tête du poème, le "mais" ne fait que renforcer le "si" assertif qui anticipe la démonstration. Par contre, en fin d'énoncé, le "mais" reprend sa valeur adversative, fonctionnant alors comme une sorte d'avertissement.

Les symétries syntaxiques sont beaucoup moins fréquentes dans les quatrains. Elles traduisent, en général, un certain goût de l'énumération, une préférence pour un rythme fortement scandé. Dans un grand nombre de cas, elles sont rehaussées d'une équivalence sémantique. Enfin, consubstantielles à la pensée, elles contribuent souvent à créer l'atmosphère poétique. Suivent quelques exemples:

> Tantost dessus la Mer, tantost dessus la Terre (III)

La redondance sémantique est apparente dans les lexèmes "Mer" et "Terre." Bien que partageant des sèmes opposés (fluidité, mobilité vs compacité, stabilité), ces lexèmes possèdent en commun les sèmes durativité, temporalité, maté-

---

par beaucoup plus d'excès, montre en général beaucoup moins de contrôle et beaucoup moins d'expertise.

[13] M. Raymond, *op. cit.*, pp. 31–32, note dans la poésie amoureuse un procédé semblable qu'il nomme "balancement compensatoire" et qui, remarque-t-il, fut une période en vogue.

rialité. La répétition du modèle syntaxique qui disloque le vers en deux parties égales, reproduit un mouvement de va et vient, bien approprié à rendre l'instabilité de la vie ici-bas. Dans le douzième sonnet, le stricte parallélisme obtenu par les vers rapportés semble particulièrement bien choisi pour créer l'atmosphère de la bataille, l'alignement des adversaires et leur confrontation avec le je. La triple reprise du modèle syntaxique traduit l'ébranlement, la fragmentation, le harcèlement du chrétien en lutte contre les ennemis de l'âme. Le premier tercet dans lequel la distribution thématique est inversée vient contribuer à la dynamique de la bataille. Le dernier vers ne comporte plus que deux structures similaires. Cette modification dans l'organisation syntaxique simule l'éloignement du danger pour le chrétien qui a retrouvé la foi. Dans le septième sonnet, le parallélisme syntaxique, tout en rendant la division de l'alexandrin plus tranchante, souligne la simultanéité de désirs opposés, source du déchirement intérieur.

Cest air tousjours m'anime, et le désir m'attire

Loin d'être un simple procédé stylistique, la distribution syntaxique, toujours déterminée par la pensée, vise donc à reproduire la structure psychologique, à exposer le déchirement intérieur, le dilemme d'une conscience tourmentée. [14]

Les exemples précédemment relevés ont mis à jour une autre caractéristique de la poésie spondienne: la redondance sémantique. Conscient de la banalité et des limitations de la thématique choisie, Sponde s'efforce d'éviter la monotonie en développant la substance de sa poésie avec variété, en renouvelant les images. Un noyau sémique, servant de point de départ à l'énoncé, est reproduit à travers une série de structures similaires. Le sonnet en vers rapportés est essentiellement fondé sur ce procédé. Dans les autres sonnets de ce genre que l'on nommera "poèmes-amplifications," [15] les structures varient; le thème peut alors être développé à partir du premier et dernier vers auxquels une série de transformations est ap-

---

[14] Le chapitre 3 illustrera plus amplement cette observation.
[15] Voir à ce sujet chapitre 2.

pliquée comme au sonnet V (Hélas! contez vos jours; Qui vit avec la peine, meurt sans le repos) ou encore, comme au troisième sonnet, les quatrains développent le noyau sémique contenu dans le premier vers: Ha! que j'en voy bien peu songer à ceste mort. De même, le sonnet II se lit comme un blason sur le motto: Mais si faut-il mourir, vivez, hommes vivez.

Il est intéressant de noter que la stylistique spondienne comporte peu d'écarts par rapport à la syntaxe normale; cela explique peut-être une des raisons pour lesquelles on parle toujours du style parlé des *Sonnets de la Mort*. Peu fréquente, l'inversion y a toujours une fonction bien précise. Ainsi, dans le premier sonnet, elle est exigée par la structure même du poème qui est basée sur la répétition.

Mortels, qui des *mortels* avez pris vostre vie

Dans le troisième sonnet, elle permet la mise en relief des mots-clefs "Mer" et "Terre" et accentue le rapport antonymique "Mer-Port."

De la Mer on s'attend à ressurgir au Port, (vs 5)
Sur la Terre aux effrois dont l'ennemy s'atterre: (vs 6)

Au vers 6, l'inversion prend un caractère révélateur. A travers les sonorités en écho qui délimitent l'espace même du vers (*Sur la Terre ... s'atterre*), le poète reproduit les limitations de l'homme, tout occupé à "se divertir," incapable de penser à ce qui le concerne vraiment. Une certaine préférence pour la construction prépositionnelle (d$^{\acute{e}}$ + D) ou pour la détermination au moyen de relatives explique chez Sponde la rareté de la qualification adjectivale et souligne son goût de la sobriété.[16] Enfin, souvent notée par la critique, la haute fréquence du démonstratif appelle quelques explications. "Jusque dans le

---

[16] Dans l'*Abbrégé de l'Art poétique* (Laum., t. XIV, pp. 17–18), Ronsard recommande au poète: "Tu fuiras aussi bien la manière de composer des Italiens en ta langue, qui mettent ordinairement quatre ou cinq épithètes les uns après les autres en un mesme vers, comme alma, bella angelica & fortunata dona: tu vois que de tels épithètes sont plus pour empouller & farder le vers que pour besoing qu'il en soit: bref tu te contenteras d'un épithète ou pour le moins deux, si ce n'est toutefois par gaillardise en mettras cinq ou six, mais, si tu m'en crois, cela t'adviendra le plus rarement que tu pourras."

XVIe siècle," explique A. Haase, "ce, adjectif démonstratif, indique quelque chose de présent à l'esprit de celui qui parle, avant qu'il l'ait exprimé."[17] Cette définition nous aide à apprécier la juste valeur des adjectifs démonstratifs dans le sonnet XII, *"Cest* Ange révolté, *ceste* Chair, et *ce* Monde,"* et à ressentir plus profondément la pensée prisonnière de celui qui parle, la puissante emprise qui torture l'esprit du poète. Essentiel au style du sermon, cet élément a généralement dans les *Sonnets de la Mort* une fonction pressante, insistante. Il focalise l'objet désigné ou l'idée exprimée et, par conséquent, l'impose, assurant la totale participation du lecteur. Ainsi, dans le deuxième sonnet, le gros plan cinématographique (*ces* journalières fleurs, *ce* beau flambeau, *ce* Tableau, *ces* clairs esclairs, *ces* torrens, *ces* lyons rugissans), tout en forçant le lecteur à prendre conscience de la vie vouée à disparaître, anticipe l'invitation finale: "Vivez, hommes, vivez." Au sonnet XI, le démonstratif qui garde également sa valeur représentative (tous *ces* nerfs, tous *ces* os, *ceste* orde charongne) souligne l'échec du poète tentant de se convaincre de la mort. Dans les sonnets IV (*ces* Sceptres enviez, *ces* Trésors débattus), IX (*ces* valets, *ces* Seigneurs, *ces* entrepreneurs) et VIII (*ceste* outrecuidance, *ces* Monstres de Terre, *ce* poinct de hauteur, *ce* poinct arresté), le démonstratif traduit l'ironie du poète mais une ironie tournée contre lui-même comme l'indique "ceste mesme vie" (sonnet IX) et non comme l'affirme T.C. Cave (*Devotional Poetry*, p. 177) le ton agressif et méprisant du prédicateur. Enfin, le démonstratif contribue à créer de très fortes tensions au niveau de la détermination, procédé particulièrement effectif pour traduire le déchirement intérieur. Le sonnet VII offre quantité d'exemples de ce genre. L'opposition entre déterminants se manifeste en termes de: défini vs indéfini (dedans *l'*air *un* autre air), possessif vs défini (*mon* désir vs *le* désir), possessif vs indéfini (*mon* martyre eslevé vs *un* importun martyre), singulier vs pluriel (contre *l'*eau *les* eaux de mon plaisir) et enfin défini, indéfini vs démonstratif (*l'*air *un* autre

---

[17] *Syntaxe française du XVIIe siècle* (1935), p. 41; cité par M. Wilson, *op. cit.*, p. 85.

air vs *cest* air). Ces couples oppositionnels actualisent la tension intérieure causée par la simultanéité de "deux contraires envies." Dans le dernier sonnet, le changement progressif des déterminants, de défini au premier quatrain (*le* Monde, *la* Chair, *l'*Ange révolté) en démonstratif au premier tercet (*cest* Ange révolté, *ceste* Chair, *ce* Monde), concrétise les tentations toujours plus pressantes qui s'offrent à l'homme. La reprise du démonstratif dans la dernière strophe, focalisant la lente disparition des trois ennemis, suggère les derniers efforts du chrétien enfin sur le point de triompher.

Refusant la rhétorique de l'excès, l'exagération, la disproportion, l'irrégularité, la complexité, Sponde s'écarte totalement de la stylistique baroque.[18] Le traitement antithétique des sonnets, la pensée elliptique, les éléments d'imprévisibilité en même temps que le tour tout cérébral de l'expression certes justifient ceux qui, après M. Raymond, ont reconnu en cette poésie des tendances maniéristes.[19] Mais plus encore, dans cette poésie où le désir de contrôle prime, où la clarté, la simplicité, l'ordre, la symétrie déterminent le langage, où style et pensée sont désormais indissociables pour former le "corps parfait" de l'oeuvre, ne faut-il pas voir les premières traces du goût classique?

---

[18] La définition d'O. de Mourgues, *Metaphysical, Baroque and Precieux Poetry* (Oxford, 1953), p. 74, ne s'applique pas plus à Sponde: "I should like to limit the meaning of the term baroque and to apply it only to the poetry in which, although the problems of the age are reflected, the perfect poise between intelligence and sensibility is either destroyed or not achieved or not attempted, with the result that the poet has a distorted vision of life, distorted through imagination and sensibility, without any apparent care for proportions or balance....The baroque poet thus depends on his power to carry into his own world a sort of surreality, and to light up for him those strange vistas which such baroque sensibility can open up both in the concrete world of nature and in the recesses of man's consciousness. Accordingly the stylistic devices used by the baroque poet will work mostly on the imagination and the emotions of the reader, and as powerfully as possible. Hence, perhaps, that impression of violence, restlessness, or vehemence which is often linked to the term baroque." Consulter également Laura Durand, "The Poetry of Jean de Sponde: A Critical Evaluation." Thèse non publiée (University of Michigan, 1963), pp. 161–171.
[19] Voir M. Raymond, *op. cit.*, p. 45.

23

Chapitre II

Le poème comme amplification

> Le texte fonctionne comme le programme
> d'un ordinateur pour nous faire faire l'ex-
> périence de l'unique. Unique auquel on
> donne le nom de style, et qu'on a longtemps
> confondu avec l'individu hypothétique ap-
> pelé auteur: en fait, le style, c'est le texte
> même.
>
> Michel Riffaterre, *La Production du texte*

La critique a souvent condamné, injustement d'ailleurs, les limitations thématiques de la poésie spondienne.[1] On pourrait soutenir qu'il s'agit là d'une caractéristique de la poésie de la Renaissance, les plus grands auteurs de l'époque se plaisant à élaborer sur une thématique assez réduite.[2] Ceci

---

[1] Voir à ce propos A. Boase, *Etudes sur les poésies de Jean de Sponde* (Genève: Droz, 1978), pp. 140–143 qui, tout en classifiant les *Stances* et *Sonnets de la Mort* et quelques pièces des *Sonnets d'Amour* de "poésie métaphysique" au sens anglais, reconnaît en Sponde un "Donne manqué"; O. de Mourgues, *Metaphysical, Baroque and Precieux Poetry* (Oxford, 1953), pp. 61–62; L. Durand, "Sponde and Donne: Lens and Prism", *CLS*, 21 (1970), pp. 319–336; E. Dubruck, *The Theme of Death in French Poetry of the Middle Ages and the Renaissance* (London, The Hague, Paris: Mouton and Co., 1964), pp. 129–130 qui souligne, à propos du sonnet XII, "a neglect of the meaning in favor of sound."

[2] Et dire que maints poèmes de Ronsard peuvent être lus comme pure illustration du Carpe Diem; que Les *Treize Sonnetz de l'Honneste Amour* de Du Bellay peuvent être ramenés à une simple élaboration sur la proposition "Je t'aime", etc. On voit aussitôt le danger de telles observations sur une "thématique limitée".

24

nous montre bien l'importance du choix des critères pour déterminer la valeur d'une oeuvre littéraire. Or, quand on parle de la poésie de la Renaissance, époque où l'admiration pour les grands maîtres n'a point de limite, il ne convient pas toujours de juger de sa qualité sur l'originalité des idées ou même sur leur profondeur mais sur la manière de les dire. Là encore on se heurte à la question d'originalité, l'imitation recommandée par les théoriciens d'alors autorisant les auteurs à piller sans vergogne les recettes qui avaient fait leurs preuves, à puiser abondamment à la rhétorique traditionnelle. Au milieu de cet amalgame de lieux communs, il faudra donc persévérer pour trouver le "je ne sais quoi" qui révèlera l' "unique" en l'oeuvre. En relisant les *Sonnets de la Mort*, on a découvert un poète ingénieux qui, désireux de toucher un lecteur obstiné et d'en faire un "favorable lecteur"[3] avait mis au point une technique infaillible; technique qui fixerait définitivement le message dans cet esprit sommeillant et assurerait le triomphe de la mémoire. Au critique incrédule on proposera à présent une lecture du cinquième sonnet.

Hélas! contez vos jours: les jours qui sont passez
Sont desja morts pour vous, ceux qui viennent encore
Mourront tous sur le point de leur naissante Aurore,
Et moitié de la vie est moitié du décez.

Ces désirs orgueilleux pesle mesle entassez,
Ce coeur outrecuidé que vostre bras implore,
Cest indomptable bras que vostre coeur adore,
La Mort les met en geine, et leur fait le procez.

Mille flots, mille escueils, font teste à vostre route,
Vous rompez à travers, mais à la fin, sans doute,
Vous serez le butin des escueils et des flots.

Une heure vous attend, un moment vous espie,
Bourreaux desnaturez de vostre propre vie,
Qui vit avec la peine, et meurt sans le repos.

Le point de départ des *Sonnets de la Mort* situe bien l'oeuvre spondienne dans le courant poétique de la fin du seizième siècle. A la manière de tant d'autres alors, le poète se

---

[3] Jean Baptiste Chassignet, *Le Mespris de la Vie et Consolation contre la Mort*, ed. A. Muller (Genève: Droz, 1953), p. 23 (sonnet I).

borne à rappeler l'angoissante vérité de la condition humaine. A partir de cette redoutable vérité Sponde transmet un message original, répondant à un besoin personnel, sur l'essence même de la vie, sur le savoir vivre qui sera suivi du savoir mourir. Peut-être réservé aux quelques élus lucides et attentifs qui réussiront à rompre de l'os "la substantificque moëlle", ce message, pas toujours explicité, est pourtant bien là, au coeur même des sonnets, "Vivez, hommes, vivez", se profilant comme une amplification à la constatation inlassablement répétée "Mais si faut-il mourir". Deux procédés semblent jouer un rôle fondamental dans la production du texte poétique, l'un de répétition ou accumulation, l'autre d'amplification ou extension.[4] Dans le cadre d'une analyse sémantique où il s'agira de dégager la structure sémantique immanente au texte pour rendre compte des relations lexicales, on illustrera ici ces procédés de répétition et d'amplification[5] élaborés par un poète soucieux de transmettre une observation essentielle de laquelle le lecteur pourra extraire le message.

Dès l'ouverture du poème V, on est frappé par l'interjection "hélas" qui reproduit l'amère constatation du poète devant l'aveuglement et l'insouciance de l'homme en face de sa propre existence, décrite par la suite. Le sens premier de ce lexème, "malheureux" en ancien français traduit pourtant une certaine compassion et détermine la position même du sujet parlant par rapport à ses auditeurs (ou lecteurs). Soucieux de remédier à leur passivité malsaine, celui-ci leur impose brutalement la triste réalité de leur condition par l'impératif "contez". Deux nuances se dégagent de l'investissement sémique de ce lexème: la notion d'évaluation (évaluez votre vie) et la notion temporelle (comptez les jours qu'il vous reste à vivre), les deux impliquant la redoutable finitude. Le poète entreprend alors son entreprise de démystification par une sorte de déconstruction de la vie. Pour cela, il exploite abondamment le champ sémantique temporel ("jours", "passez", "morts",

---

[4] Il apparaitra évident, au cours de cette étude, que le terme "amplification" est utilisé à deux niveaux; à un niveau plus général, il désigne le message dérivé du texte; à un niveau plus technique, il renvoie à toute transformation sémantique opérée sur un noyau sémique.

"mourront", "desja", "encore", "sur le point", "naissante", "Aurore", "moitié"), sélectionnant plus particulièrement ces sèmes négatifs de "vie" qui viennent aussitôt en dévaloriser le contenu sémantique. Ainsi, "jours" qui, bien qu'évoquant les aspects positifs de "vie" (itérativité, altérité-passage dynamique d'un état à l'autre, luminosité, activité) en souligne ici plus franchement les aspects négatifs à travers les sèmes "dimentionalité", "durativité".

Dans une deuxième étape, le poète visera à réévaluer la mort, à la "neutraliser" dans l'intention de l' "apprivoiser" et de la dépouiller de ses attributs traditionnels de crainte et d'horreur. Il la présentera alors comme le négatif d'un Positif "Vie". "Passez", "morts", "mourront" partagent les sèmes "inférativité" (privation de vie), "altérité" (passage de la vie à la non vie), "durativité", les deux derniers repérés plus haut dans le lexème "vie", l'un faisant de la mort cet aspect négatif de la vie, la vie en tant que terme, extrémité, l'autre associant la mort à un aspect positif de la vie, la vie en tant que changement, perpétuelle métamorphose. La mort ne serait donc autre qu'un de ces bouleversements auxquels la vie soumet l'homme, bouleversement certes définitif puisqu'il se manifeste comme passage d'un état de métamorphose à l'immobilité, à la permanence d'où l'opposition sémique entre "vie" et "mort": altérité vs permanence d'altérités.[5]

La troisième étape consistera à anéantir le présent. Le processus d'anéantissement se fait ici par le silence sur le temps présent, par l'absence même de cette catégorie temporelle, absence qui semble vouloir forcer le lecteur à conclure à l'inexistence du présent. La tension dialectique qui oppose d'une part les verbes au passé aux verbes au futur, "sont passez" vs "viennent encore" (vont venir), "sont desja morts" vs "mourront" et d'autre part les circonstants de temps "desja"-"encore" selon les catégories le fini vs ce qui va avoir lieu, clôture vs ouverture, avant vs après attestent de manière évidente cet oubli volontaire du "pendant". Le troisième vers nous donne alors une explication de cette absence.

---

[5] On emprunte l'expression à A. Greimas, *Sémantique structurale* (Paris: Larousse, 1966), p. 231.

Mourront tous sur le point de leur naissante Aurore

On s'aperçoit que la juxtaposition des sèmes contradic-
toires "extrémité" ("mourront")-"initialité" ("sur le point",
"naissante", "Aurore") exclut la possibilité d'un sème "dura-
tivité", la réunion des entités contrastives mort-vie étouffant
en quelque sorte l'espace même du Possible. La répétition
insistante du sème "initialité" soulève pourtant une autre
question. Le Possible s'applique-t-il strictement au champ sé-
mantique temporel ou encore ne faut-il lire ici qu'une simple
conviction du fatal? Le poète entend-il simplement prouver la
course précipitée de l'homme vers la mort? Les lexèmes
"mort" et "mourront" se réfèrent-ils exclusivement à l'une des
fonctions de l'existence, à savoir la mort en tant que terme de la
vie, notion attestée plus haut dans "sont passez" ou figurent-
ils par opposition à "vie" l'un des termes contradictoires de
l'être noologique, suggérant alors l'homme "mort dans la vie",
l'être anéanti dans l'Etre, le Possible étouffé par l'homme
même? Les sèmes temporels de "mort" (altérité, extrémité)
seraient donc atténués au contact de ses autres sèmes "inféra-
tivité" (manque), "immobilité" (inactivité, passivité, extinc-
tion). On comprendrait mieux alors l'indignation de celui qui
constate cette inquiétante réalité: "…pendant la vie vous estes
mourant".⁶ Dans le dernier vers de ce quatrain, la même
ambiguïté quant aux valences de "vie" et de "mort" autorise la
lecture plurielle. Le lexème "moitié" semble un instant fixer
l'antonymie vie-mort dans un rapport d'équivalence, renforcé
"physiquement" pour ainsi dire par la reprise d'un même
modèle syntaxique (Et moitié de la vie/est moitié du décez).
Rapport où chaque fragment d'espace temporel, chaque mo-
ment de vie et de mort se trouve confondu dans une simul-
tanéité égalisatrice et où la notion de temps s'abolit d'elle-
même. Or, deux éléments nouveaux apparaissent ici dignes

⁶ Phrase qui semble transporter ce double sens également chez Mon-
taigne; voir Michel de Montaigne, *Oeuvres complètes*, ed. annotée par M. Rat
(Paris: Gallimard, 1962), p. 91; le déroulement de la pensée dans cet essai (I,
XX) serait à rapprocher de celui de Sponde dans le sonnet étudié ici.

d'être mentionnés: d'abord l'emploi du présent "est" et la substitution du lexème "décez" à "mort" qui filtre en quelque sorte les sèmes temporels de "mort" au profit du sème "inféra-tivité" (manque, vide). De plus, "moitié" indique une ap-proximation et anticipe un jugement de valeur. Après avoir aboli la notion même de présent, le poète semblerait donc y revenir pour le valoriser négativement, comme un vide, une sorte de mort prématurée.

Dans le deuxième quatrain, le poète poursuit sa décon-struction, déconstruction de la vie si l'on estime que les adjec-tifs démonstratifs renvoient au lexème "vie" mentionné au vers 4 ou déconstruction de l'homme puisque les lexèmes composant les trois premiers vers renferment tous le sème "humain". Par ce procédé, Sponde tente d'ouvrir les portes de la lucidité sur la condition humaine. Dans cette déconstruction une reconstruction est donc implicite mais non explicitée ici. Il est à remarquer que l'homme (ou la vie) n'est pas en lui-même valorisé négativement; ce sont ses actions, son "mal vivre" qui font de lui un être misérable, ce sont ses vices mondains qui font surgir ainsi sa petitesse. La condamnation porte donc essentiellement sur le vécu quotidien, le poète poursuivant ainsi son entreprise d'anéantissement du présent. Ce "mal agir" se manifeste principalement à travers l'insatiable soif de l'homme comme il apparaît dans le lexème "désirs", lexème ébauchant la lignée thématique du vouloir (amplement ex-ploitée chez Sponde) qui entre souvent en jeu avec l'articula-tion contrastive du non pouvoir. Cette isotopie du désir se trouve elle-même définie par une double articulation, que l'on nommera "Excès", génératrice des tensions suivantes: sur-estimation de soi, impliquant sous-estimation d'autrui, supé-rativité de soi d'où inférativité de l'autre par rapport à soi avec pour association ostentation, vanité, domination, inaccessi-bilité: "orgueilleux", "outrecuidé", "coeur" (première oc-curence), "bras" (deuxième occurence), "indomptable" vs sous-estimation de soi d'où sur-estimation d'autrui, inféra-tivité de soi par rapport à autrui d'où les associations humilité, soumission et intentionnalité (prétention, dissimulation, hy-pocrisie): "bras" (première occurence), "coeur" (deuxième occurence), "adore", "implore". Les doubles valences des lexèmes "bras" et "coeur" qui se lisent tour à tour sur l'isotopie modalisante négativité puis positivité servent à souligner les bouleversements déconcertants de la Fortune qui se joue impunément de l'homme. De même, les articulations contrastives, supérativité-sur-estimation de soi vs inférativité-sous-estimation de soi tendent à fournir une représentation hiérarchique du monde tout en proposant une vision totalisante du "mal du siècle", mal reconnu ici comme une vie essentiellement matérielle, toute extériorisée, perdue dans la recherche d'honneurs futiles au détriment de la connaissance profonde de l'intériorité.[7] Trois lexèmes ébauchent deux autres lignées thématiques dignes d'être retenues ici: celle de l'abondance ("entassez") qui n'est en fait qu'une ramification de l'isotopie principale "Excès" et celle de l'incohérence, mise en parallèle avec l'isotopie "Excès" ("pesle mesle entassez", "indomptable"). Déconstruction totale du "pendant" qui a pour effet de faire ressurgir l'"après" ou valorisation négative du contenu sémantique de "vie" à travers le sème "activité" qui vient renforcer les sèmes négatifs, un instant oubliés, "durativité", "temporalité". Le champ sémantique temporel réapparaît ("mort", "met en geine", "fait le procez") mais cette fois amplifié par les sèmes "contrainte" ("met en geine") et "ordre" ("fait le procez") qui viennent du même coup contrevaloriser le contenu sémantique de l'actant "mort". D'une déconstruction de la vie s'ensuit donc une reconstruction de la mort, mort bénéfique, justicière qui résorbe les maux mondains et rétablit l'équilibre détruit par les fausses valeurs hiérarchiques de l'homme.

Cette démystification de la vie et de la mort donne lieu dans le premier tercet à la réflexion lucide sur l'existence, sur la condition humaine ici-bas. On assiste alors à une réexamination de l'existence, à savoir de la vie et de la mort, le contenu

---

[7] Connaissance de l'intériorité suggérée d'ailleurs dans cette image de l'âme en éveil:

Laisse dormir ce corps, mon Ame, et quant à toy
Veille, veille et te tiens alerte à tout effroy
Garde que ce Larron ne te trouve endormie (X)

sémantique des entités contrastives étant alors soigneusement passé en revue à travers les métaphores aquatiques "flots" (fluidité, itérativité, altérité, mobilité, violence) et "escueils" (solidité, massivité, fixité, permanence, immobilité, violence) dont la juxtaposition force les oppositions homologues attestées plus haut dans "vie" et "mort": fluidité vs massivité; mobilité vs immobilité, altérité vs permanence. Cette réexamination renvoie aussitôt à la première déconstruction de la vie (premier quatrain); "A la fin" et "route" s'avèrent en effet être un nouveau rappel du sème "durativité-temporalité", sème légèrement modifié dans "route" puisqu'on passe du champ sémantique temporel au champ sémantique spatial qui évoque peut-être plus franchement la notion d'intentionnalité, la vie en tant que chemin pré-destiné, voie dont l'issue est certaine. Ce processus d'anéantissement de la vie aboutit pourtant à une sorte de déconstruction de la mort, déconstruction qui se manifeste à travers le lexème "butin" à forte valeur dysphorique[8] (pillage, dévastation) et à travers les sentiments mêlés du poète; admiration voilée, cf. "rompez" d'où se dégagent en plus de la notion de violence celles de force, persévérance, détermination, laissant prévoir un aboutissement certain et "mille" dont le sème "abondance" évoque les vicissitudes de la vie quotidienne, renforçant ainsi la notion de persévérance; sentiment de doute aussi, remise en question traduite par "sans doubte" qui, d'un côté suppose une certitude appuyée sur les expériences du passé mais de l'autre appelle la discussion, la réserve. Le "je" se laisse-t-il soudain emporter par son admiration face à la persévérance du "vous" qui affronte ainsi la puissante Fortune? En viendrait-il à douter des expériences du passé devant le présent glorieux? Y a-t-il soudain revalorisation du "pendant"? Si revalorisation il y a, celle-ci est toutefois de courte durée et le changement annoncé par le métasémème "mais"[9] se précise à travers l'opposition

---

[8] Dans la catégorie proprioceptive, ce terme désigne la valeur axiologique négative.

[9] Mot outil par lui-même vide de contenu mais qui joue ici le rôle de signifiant dans la mesure où il introduit un élément de prévisibilité important.

des articulations suivantes, opposition d'ailleurs reproduite par le renversement de l'ordre des substantifs "flots" et "escueils":

Vous rompez à travers	vs	vous serez le butin
supérativité (vous-agent)		inférativité (vous-patient)

Tension à nouveau reproduite à travers le champ sémantique temporel, "pendant" vs "après" ou présent vs futur qui aboutit une fois de plus à l'anéantissement du présent; revalorisation temporaire du présent qui s'anéantit d'elle-même pour aboutir à la constatation toujours plus urgente de la temporalité, les sèmes positifs de "vie", "activité", "mobilité", "persévérance" étant alors filtrés par le sème plus fort "durativité".

Il va sans dire qu'une chute si profonde exclut tout espoir de remontée. La déconstruction de la vie se poursuivra donc selon les lignes préalablement exposées, à savoir: 1) réactivation du sème négatif "temporalité" (cf. premier quatrain) annoncée dès le début de cette dernière strophe par les lexèmes "heure" et "moment" (dimentionalité-durativité) auxquels s'associe le sème également négatif "imprévisibilité" et les lexèmes "bourreaux", "desnaturez" qui viennent amplifier le sème "temporalité" par le sème "peine" et 2) remise en jeu du sème négatif "activité" (cf. deuxième quatrain) qui reprend le processus d'anéantissement du présent à travers le thème du "mal agir", "bourreaux desnaturez de vostre propre vie" (l'adjectif "propre" et le sème "humain" investi dans "bourreaux" faisant de l'homme le propre bourreau de sa vie) et "qui vit avec la peine". On assiste encore une fois à une neutralisation de la mort, neutralisation qui se fait par le biais de deux entreprises allant en sens inverse: d'une part, il y a déconstruction de la mort à travers les lexèmes "bourreaux desnaturez" qui font ressurgir la représentation terrifiante de la finitude et "attend" et "espie" qui mettent en valeur des sèmes valorisés négativement "intentionnalité" et "peine" (intention de nuire). D'autre part, il y a une reconstruction de la mort ébauchée à travers le lexème "repos" investi, il est vrai, du sème jugé négatif plus tôt, "immobilité" mais qui se trouve ici con-

32

tre-valorisé en face du sème-thème "peine" (cessation d'efforts, de tourments). Bien que faiblement esquissée, cette reconstruction de la mort est là, au même titre qu'une reconstruction de la vie pour le lecteur attentif qui saura extraire le message des réflexions proposées. Il est aussi à remarquer que cette reconstruction de la mort ne peut se faire qu'à travers une reconstruction de la vie: "Qui vit avec la peine meurt sans le repos", le sème négatif "activité" investi dans "vie" annulant ici le sème positif "immobilité" transporté par "mort".

On reproduira à présent le mouvement du texte dans le schéma suivant.

Premier quatrain	*deuxième quatrain*
Déconstruction de la vie (étape 1)[10]	Anéantissement du présent (3)
(vie = "temporalité")	(vie = "activité" valorisée négativement)
Neutralisation de la mort (2) (mort - "extrémité" = vie - "temporalité")	Déconstruction de la vie (1)
Anéantissement du présent (3)	Reconstruction de la mort (4) (mort = "activité" valorisée positivement) Reconstruction de la vie implicite (5)
Premier tercet	*Deuxième tercet*
Déconstruction de la vie (1)	Déconstruction de la vie (1 et 3)
Déconstruction de la mort (6)	Neutralisation de la mort (2) (déconstruction + reconstruction)
Reconstruction (temporaire) de la vie (5)	Reconstruction de la vie implicite (5)
Anéantissement du présent (3)	

De cette représentation schématique on peut à présent tirer les conclusions suivantes: 1) la neutralisation (ou la déconstruction) de la mort (2 et 6) ne se fait qu'en fonction d'une déconstruction de la vie au niveau temporel (1), "vie" et "mort"

---

[10] Les chiffres entre parenthèses, renvoyant à l'ordre des étapes dans le texte, servent principalement à en simplifier la représentation.

partageant le sème "temporalité-extrémité" (cf. premier quatrain, premier tercet, deuxième tercet). Autrement dit, la mort sera neutralisée, "apprivoisée" si l'homme reconnaît la "temporalité" de la vie. La réflexion lucide sur la vie dépouillera la mort de son irrationnalité et fera accepter la commune nécessité comme telle; 2) Par contre, la déconstruction de la vie au niveau de l'activité s'accompagne d'une reconstruction de la mort au niveau de l'activité (deuxième quatrain), ce qui revient à dire le "mal vivre" équivaut à la mort dans la vie; 3) Enfin, la reconstruction de la vie au niveau de l'activité, implicite dans le deuxième quatrain et le deuxième tercet pourra être suivie d'une reconstruction de la mort au niveau de l'activité, en d'autres mots, apprendre à "bien vivre" aboutira à "bien mourir"; 4) Le poème décrit un tour circulaire; on part d'une déconstruction de la vie ("contez vos jours") pour aboutir à une reconstruction (implicite) de la vie ("qui vit avec la peine, meurt sans le repos"). On s'aperçoit alors que la phrase "contez vos jours" est la force motrice du texte, le lexème "jours" renfermant les sèmes exploités ici, à savoir le sème "temporalité" et le sème "activité". On la considèrera donc comme phrase matricielle ou nucléaire[11] c'est à dire comme la phrase de laquelle les autres sont dérivées.

Une fois le message déchiffré et la structure sémantique décrite, il est aisé de repérer les mécanismes qui la mettent en marche pour assurer la bonne transmission du message. Ils sont au nombre de deux: répétition ou accumulation, amplification ou extension. Le premier n'est autre que la pure exploitation du ou des sème(s) nucléaire(s), en général il s'agit du sème "temporalité". Les phrases dérivées se bornent donc à répéter à travers la reprise du sème nucléaire l'un ou les messages transporté(s) par la phrase minimale. Ainsi, "les jours qui sont passez sont morts" et "moitié de la vie est moitié du décez", le rapport d'équivalence entre "vie" et "mort" étant

---

[11] On emprunte la terminologie à M. Riffaterre, *La Production du texte* (Paris: Seuil, 1979); voir chapitre III, "Modèles de la phrase littéraire", pp. 45–60.

dans cette dernière proposition précisément fixé à travers le sème "temporalité" (extrémité).

Le mécanisme d'amplification consiste à répéter les sèmes nucléaires tout en les explicitant c'est à dire en les enrichissant de nouveaux sèmes. Il se définit donc comme répétition + extension. Fondamental ici, ce mécanisme se manifeste à trois niveaux: 1) Par l'extension du sème nucléaire "temporalité".

> Ceux qui viennent encore mourront sur le point de leur naissante Aurore

Tout en s'appuyant sur le sème nucléaire, la phrase amplifie ce sème puisqu'elle réalise en plus les autres valeurs temporelles du potentiel "jours", à savoir "initialité", "altérité" et "itérativité".

> Mille flots, mille escueils font teste à vostre route

Bien que le sème nucléaire "temporalité"-"extrémité" soit à la base de cette proposition, il se trouve amplifié à travers les figures métaphoriques: "font teste" (initialité), "route" (extrémité + intentionnalité), "flots" (altérité + itérativité + extrémité + intentionnalité), "escueils" (immobilité = extrémité).

2) Amplification par l'extension du sème "activité", sème, précisera-t-on, neutre dans "jours". Une première extension pourra se faire au niveau de la valorisation de ce sème: positivité vs négativité. Ainsi, dans la phrase "vous rompez à travers", on a "activité" + "positivité". Par contre, dans la proposition "vous serez le butin des escueils et des flots" en fonction de laquelle la première doit être lue, le sème nucléaire représente une double extension. Dans le processus d'anéantissement du présent, la valorisation positive du sème "activité" ("rompez") se trouve annulée dans le sème contradictoire "passivité" ("serez") alors que dans l'entreprise de déconstruction de la mort, le sème nucléaire prend une valeur négative ("butin"). Dans la proposition "qui vit avec la peine", on retrouve la même extension "activité" + "négativité" ("peine"). Extension d'ailleurs la plus fréquente dans le texte;

ainsi, on pourra considérer cette dernière phrase comme proposition minimale puisqu'elle donne lieu à toute une série de phrases explicatives et démonstratives qui tendent à expliciter le sème "activité" + "peine".

> Bourreaux desnaturez de vostre propre vie
> "activité" + "peine" + "excès"

> Ces désirs orgueilleux pesle mesle entassez
> "activité" + "peine" + "excès" ("vouloir") + "incohérence"

Cette dernière proposition sert à son tour de phrase matricielle à plusieurs syntagmes qui viennent expliciter le sème "excès".

> Ce coeur outrecuidé
> "excès" ("supérativité-sur-estimation de soi")

> Cest indomptable bras
> "excès" ("supérativité-sur-estimation de soi") +"incohérence"

> Vostre bras implore
> "excès" ("inférativité-sous-estimation de soi")

> Vostre coeur adore
> "excès" ("sur-estimation d'autrui - inférativité")

3) Amplification par l'extension des deux sèmes nucléaires: ainsi, la phrase "une heure vous attend, un moment vous espie" où le sème "temporalité" se trouve enrichi du sème "imprévisibilité" ("heure", "moment") et où le sème "activité" se prête à une double extension, "négativité" + "intentionnalité-peine" ("attend", "espie").

Enfin, les deux procédés peuvent être combinés; il y a alors répétition d'un sème nucléaire et amplification de l'autre. La proposition "la mort les met en geine, et leur fait le procez" est engendrée par la répétition du sème "temporalité", "met en geine" et "fait le procez" étant les équivalents littéraires[12] de "mettre fin" et par l'extension du sème "activité" à travers la valorisation positive ("contrainte-ordre"). De même, la lecture plurielle du vers 4, "et moitié de la vie est moitié du décez"

---

[12] L'expression vient de M. Riffaterre, *op. cit.*, p. 53.

se fonde sur la répétition du sème "temporalité" et l'extension du sème "activité" valorisé négativement.

Le texte entier peut donc être ramené à deux noyaux sémiques d'ordre général "temporalité" et "activité" auxquels sont appliquées différentes transformations qui peuvent être classées en ordre hiérarchique. Si l'on a choisi de pratiquer, en sémantique, la méthode d'analyse que Chomsky a pratiquée en syntaxe, à savoir rendre compte de structures complexes en les réduisant à des structures minimales, c'est parce que "la manière de dire", le style de Sponde s'y prête particulièrement bien. Fondé sur la répétition et sur l'amplification qui revient à une répétition enrichie d'une élaboration, ce style adhère d'ailleurs parfaitement à la pensée. C'est dans cette mesure que l'on pourrait parler d'une "Poétique de l'accoutumance". Tentant de vaincre la molle insouciance, l'aveuglement obstiné de l'homme (son lecteur), le poète cherche à provoquer en lui une reconnaissance forcée de sa condition de créature menacée, reconnaissance qui se fera par une sorte d'habitude de pensée réalisée à travers la répétition de l'aspect temporel de la vie. A travers l'amplification, il poursuivra sa démarche de démystification en soulignant une fois de plus ce temporel négatif et plus particulièrement la négativité du vécu quotidien. L'entreprise sera totalement réussie si le lecteur se prête au jeu du poète et si, à son tour, non lassé par la répétition insistante du mourir et du mal vivre, il cherche l'amplification qui lui révèlera le message:

Apprens [donc] de bien vivre, afin de bien mourir

Chapitre III

Le Triomphe De La Chair

> Un texte n'est un texte que s'il cache au pre-
> mier regard, au premier venu, la loi de sa
> composition et la règle de son jeu.
>
> J. Derrida, *La Pharmacie de Platon*

Dressant un inventaire de ressources à l'intention de l'auteur, Boileau s'écrirait un siècle plus tard:

> Hâtez-vous lentement, et, sans perdre courage,
> Vingt fois sur le métier remettez votre ouvrage:
> Polissez-le sans cesse et le repolissez
> Ajoutez quelquefois, et souvent effacez.[1]

Mais dans cette scrupuleuse recherche de la perfection, Sponde le précédait. Fruit d'une rigoureuse élaboration, la forme des sonnets montre que, dans cette poésie, rien n'a été laissé au hasard. Au risque de perdre le caractère spontané d'une écriture jaillie du moment, le poète a, dans le processus de production, soigneusement pesé les potentialités stylisti-ques, savamment déterminé la composition syntaxique et l'ar-rangement prosodique, précisément réglé la cadence, scru-puleusement choisi le vocabulaire. Autant d'efforts qui abouti-

---

[1] Nicolas Boileau-Despréaux, *Oeuvres complètes*, ed. C. H. Boudhors (Paris: Société Les Belles Lettres, 1952), tome II, p. 86.

38

ront à la création d'un style unique dans lequel la critique a souvent reconnu l'accord parfait du fond et de la forme.[2] Sans aller jusqu'à dire que "le sens est à l'origine de tous les effets",[3] il faut admettre que, non soumis à la seule fonction esthétique, le style se prête bien souvent à la pensée, le langage des formes parlant alors le langage des mots.[4] Ce souci de subordonner la forme à la pensée est d'ailleurs plus évident dans les sonnets où il s'agit de l'expérience intime du poète, à savoir les sonnets XII et VII. A titre d'exemple, on a choisi d'examiner ce dernier sonnet, relativement peu commenté par la critique et qui montre pourtant le point culminant de cette recherche d'une forme en parfait accord avec la pensée puisque là se manifeste cette étonnante "homogénéité du dire et du vivre."[5]

Tandis que dedans l'air un autre air je respire,
Et qu'à l'envy du feu j'allume mon désir,
Que j'enfle contre l'eau les eaux de mon plaisir,
Et que je colle à Terre un importun martyre,

C'est air tousjours m'anime, et le désir m'attire,
Je recherche à monceaux les plaisirs à choisir,
Mon martyre eslevé me vient encor saisir,
Et de tous mes travaux le dernier est le pire.

A la fin je me trouve en un estrange esmoy,
Car ces divers effets ne sont que contre moy;
C'est mourir que de vivre en ceste peine extresme.

Voila comme la vie à l'abandon s'espard:

---

[2] Mario Richter dans son excellent ouvrage sur le poète béarnais, *Sponde e la lingua dei Protestanti nel Cinquecento* (Milano: Cisalpino La Goliardica, 1973), p. 29 note plus précisément l'emploi approprié de certaines figures stylistiques (antithèses, parallélismes), figures qui, remarque-t-il, adhèrent parfaitement à la structure de la conscience calviniste. Dans "La pensée et le style de Sponde dans ses 'Poésies' et Méditations'", thèse non publiée (Université de Wisconsin, 1966), p. 172, Soeur Marie du Crucifix observe: "Le style est un avec la pensée, consubstantiel avec elle parce que fonctionnel. Il naît d'un mouvement intérieur et se projette spontanément dans un mouvement extérieur. Entre la pensée et le style, point de cloison étanche, point de vaine recherche. Sponde ne cherche pas la vérité intellectuelle ou l'expression esthétique . . . le style ne cherche pas plus que la pensée de son créateur; il affirme."
[3] Paul Delbouille, *Poésies et sonorités* (Paris, 1961), p. 170.
[4] Cf. premier chapitre où plusieurs exemples ont été donnés.
[5] On emprunte l'expression à Henri Meschonnic, *Pour la Poétique* (Paris: Gallimard, 1970), p. 67.

Chasque part de ce Monde en emporte sa part,
Et la moindre à la fin est celle de nous mesme.

Dès la première lecture, on est frappé par la forme du poème qui, à l'aide de toute une série de signaux syntaxiques et sémantiques, s'anime soudain sous nos yeux pour nous faire pénétrer dans le monde intime du poète. Elle reflète les efforts du Créateur-Auteur, soucieux de retrouver l'équilibre heureux du Corps-Texte et de l'Ame. Car, apparaît-il ici, pour parler le langage de l'Ame, le texte doit se faire Corps, l'Ecriture doit se faire Chair pour souffrir les tourments de l'Esprit. Et c'est précisément à travers cet épiderme vivant que le lecteur pourra participer à l'expérience intime de l'auteur. La poésie est bien alors, comme l'a noté Henri Meschonnic, "motivation orientée", "langage d'un réalisme métaphysique",[6] autrement dit, reproduction de la réalité intime et orientation ou encore désir de communiquer cette réalité. Tel le Corps, le Texte servira alors de pont entre le monde intérieur et le monde extérieur. Seule la Chair-Ecriture saura appréhender cette abstraction qu'est l'Esprit et la communiquer de manière concrète aux autres, ouvrant ainsi les portes de l'intériorité.

Au cours de l'analyse, on poursuivra délibérément cette métaphore de la Chair-Ecriture dans l'intention de montrer comment la Chair[7] revit pour le lecteur les tortures de l'Esprit et comment elle réussit ainsi à communiquer une expérience des plus intimes. Contrainte dans l'enveloppe étouffante du sonnet puis dans un espace qui s'en va toujours décroissant (l'espace strophique, l'espace du vers, l'espace de l'hémistiche), la Chair comprimée reproduit l'atmosphère étouffante d'une situation qui s'avère sans issue. Elle est alors exposée à deux agents à l'influence contraire comme en témoignent les nombreuses constructions binaires dans le texte. La composition même de la pièce, établie sur un mode d'agencement qui oppose les quatrains aux tercets (les uns exposant les causes, les autres les effets), de par sa forte armature contrastée oriente

---

[6] *Ibid.*, p. 67.
[7] Le terme sera en majuscule lorsqu'on se référera à l'écriture.

le thème central du poème, à savoir celui du conflit. Conflit actualisé en quelque sorte par une autre construction binaire en subordonnées (premier quatrain) et principales (deuxième quatrain). Toute la détermination répond à ce système binaire; on note là un premier mouvement du général au particulier ou encore de l'impersonnel au personnel, mouvement dans lequel s'inscrit l'opposition entre l'article défini et l'article indéfini (*"l'*air" vs *"un* autre air"), celle entre l'article indéfini et l'adjectif possessif (*"un* importun martyre" vs *"mon* martyre eslevé"), cette dernière étant d'ailleurs renforcée au niveau de la place et de la fonction du déterminant,[8] et l'opposition résultant des divers emplois de l'article défini (*"l'*eau" vs *"les* eaux"). Or, ce premier mouvement du général au particulier s'ensuit d'un second, du particulier au général et donc en opposition directe avec le premier, créant ainsi une nouvelle tension (*"mon* désir" vs *"le* désir", *"mon* plaisir" vs *"les* plaisirs", *"tous mes* travaux" vs *"le dernier"*). Cette double articulation au niveau de la détermination réapparaît, d'ailleurs dans le même ordre, dans les tercets *"chasque* part" vs *"sa* part", répondant au premier mouvement et *"sa* part" vs *"la moindre"*, faisant écho au second.[9]

Les fonctions de l'indice personnel "je" se prêtent également au système binaire puisqu'elles aussi décrivent une évolution que l'on pourrait définir en termes d'actif à passif, de

---

[8] L'épithète "importun" semble superflue dans la mesure où le nom désigne une classe et l'adjectif s'applique à toute l'extension de la classe. Or, il n'y a pas de martyre qui ne soit importun. On impose ainsi à cet adjectif une fonction qu'il est inapte à remplir.

[9] Sponde a souvent recours à la détermination pour rendre les tensions intérieures. Ainsi, dans le douzième sonnet, il reproduit à travers l'emploi de l'article défini la présence contraignante des tentations mondaines (*"le* Monde, *la* Chair, l'Ange révolté"; "*l'*onde, *l'*effort, *le* charme inventé"), présence qui provoque chez le chrétien un moment d'incertitude (*"quelle* nef, *quel* appuy, *quelle* oreille dormante"), bientôt anéanti par un nouvel élan de foi et l'appel à Dieu. Or, si cet élan de foi vient momentanément fortifier le chrétien (l'adjectif démonstratif attestant le recul du "je" par rapport aux tentations et consacrant du même coup le triomphe de la foi), il aboutit toutefois à une nouvelle remise en question comme l'indique la disparition des adjectifs "invincible", "constante" et précisément l'emploi du démonstratif qui a très souvent une valeur représentative, actualisante (*"ce* charme, *cest* effort, *ceste* onde").

41

dynamique à statique, dans les cinq premiers vers, le "je" assumant la fonction de prime actant ("je respire", "j'enfle", "je colle", "je recherche") tandis que par la suite il se trouve réduit à la fonction de régime ("m'anime", "m'attire", "me vient saisir"). L'opposition se poursuit dans les tercets, les verbes d'état ("je me trouve", "sont", "est") s'opposant aux verbes dynamiques des quatrains et les actants décrivant un nouveau mouvement de l'individuel au collectif, du "je" au "nous". La catégorie spatiale reproduit la tension en termes de réduction ("dedans l'air un autre air"), augmentation ("j'enfle contre l'eau les eaux") ou juxtaposition forcée ("je colle à Terre"). Enfin, au niveau lexical, la tension se manifeste à travers une série d'antonymes: "feu" vs "eau", "air" vs "Terre", "un importun martyre" vs "mon martyre eslevé", "eslevé" vs "Terre".

Or, ces agents destructeurs qui attaquent ainsi la Chair comprimée (l'esprit prisonnier) se révèlent bientôt être des contraires qui se complètent (corps et âme, chair et esprit formant le Tout parfait). Ainsi, les propositions subordonnées dépendent directement des propositions principales. De même, la catégorie temporelle unit les contraires en une simultanéité égalisatrice ("tandis que"). Complémentarité donc ou adversité qui se confond souvent en une réciprocité déconcertante. Ainsi, peut-on considérer, la réplication de modèles syntaxiques identiques ou presque identiques qui se font écho d'un vers à l'autre.

> Je respire un autre air
> J'allume mon désir
> Je (prime actant) + verbe à la diathèse active - troisième personne (second actant)[10]

Groupe qui s'oppose à cet autre groupe où la situation est tout simplement renversée, le prime actant "je" assumant alors la fonction de second actant.

> Cest air tousjours m'anime
> Et le désir m'attire

---

[10] Diathèse active désigne une construction verbale à deux actants où l'action transite du premier sur le second.

| Un importun martyre | $D + D + d^e$ |
| Mon martyre eslevé | $D + d^e + D$ |

Tandis que dedans l'air
Et qu'à l'envy du feu
Conjonction de subordination + circonstant (préposition + article
+ nom masculin singulier)

Que j'enfle contre l'eau
Et que je colle à Terre
Conjonction de subordination + indice personnel + verbe + pré-
position (au sème commun "contact") + nom (féminin singulier,
appartenant au champ sémantique spatial)

| En un estrange esmoy | préposition + $D + D + d^e$ |
| En ceste peine extresme | préposition + $D + d^e + D$ |

La position de l'épithète qui vient faire ici échouer la symétrie
parfaite est toutefois contrebalancée d'une part par la simila-
rité alphabétique des adjectifs et d'autre part par celle du
dernier mot de chaque groupe.

Plus déconcertante encore s'avère la réciprocité au ni-
veau lexical. Par l'exploitation délibérée de la polysémie de
certains lexèmes, le poète réussit non seulement à transmettre
l'atmosphère de tension et de confusion dans laquelle il est
plongé mais aussi à faire activement participer le lecteur à la
tragique expérience de l'indécision. La reprise des mêmes
éléments pour exprimer des idées radicalement opposées[11]
aboutit de manière générale à une neutralisation du contenu
sémantique des lexèmes en question, rétablissant par contre
coup le rapport d'antonymie des entités contrastives chair-
esprit en un rapport d'équivalence, source même de la confu-
sion. Le champ sémantique des éléments, "eau", "air", "feu",
semble particulièrement favorable à cette neutralisation sé-
mantique. Seul le lexème "Terre" n'engendre aucune équivo-

---

[11] E. Dubruck souligne un autre exemple du caractère fonctionnel de la
répétition; à propos du premier sonnet, il observe: ". . . repetition in Sponde
is more than empty cacophony; it is the poet's manner of dealing with a
problem of poetic expression, of presenting a general statement (i.e., life is a
chain of birth and death) as well as a personal conviction (i.e., I am part of this
chain)." Cf. *The Theme of Death in French Poetry of the Middle Ages and the
Renaissance* (London, The Hague, Paris: Mouton and Co., 1964), p. 128.

43

que. Fixation du contenu sémantique qui semble consacrer, du moins temporairement, la victoire de la chair qui apparaît alors la seule réalité concrète. Plusieurs solutions s'offriront au lecteur en quête de clarté. Pour déterminer le contenu sémantique des lexèmes cités plus haut, il pourra se tourner d'abord vers leur système descriptif: "air" (aéroformité, fluidité, immatérialité), "eau" (liquidité, fluidité, mobilité); tentative qui s'avèrera de peu d'intérêt sauf pour "feu" où il retiendra les sèmes "luminosité" et "chaleur".[12] La deuxième étape dans ce processus de clarification consistera à fouiller le système associatif des lexèmes "air" et "eau"; tentative qui aboutira à la confusion totale puisque l'un comme l'autre révèlera alors une association possible avec l'articulation "corporel" vs "spirituel". Pour "eau", on pourra encore se référer à une source bien connue des images spondiennes, à savoir la Bible. Là encore, le contenu sémantique varie. Valorisée positivement (source de vie, agent purificateur, élément à la fonction salvatrice), "eau" transporte aussi une charge négative (élément destructeur, symbole d'instabilité, de transitivité, symbole de la faiblesse humaine, "eau" associée à chair se trouvant alors en opposition avec "feu" associé à esprit). Peut-être alors suffira-t-il de se rapporter aux autres emplois que Sponde fait de ces lexèmes pour résoudre le problème d'ambiguïté sémantique. Ainsi, dans ce passage tiré des *Stances*:

> Je scay bien, mon Esprit, que cest air, et ceste onde,
> Ceste Terre, ce Feu, ce Ciel qui ceint le Monde,
> Enfle, abisme, retient, brusle, esteint tes désirs.

Neutralisés dans un rapport d'équivalence, les lexèmes "eau", "air", "feu", "terre" sont ensuite valorisés négativement en tant que tentations charnelles qui torturent l'esprit. Ailleurs pourtant, le rapport d'antonymie entre "feu" et "eau" est rétabli, le premier élément étant alors associé à l'esprit alors

---

[12] Investissement sémique qui s'avère être une nouvelle source d'ambiguïté, le sème "luminosité" se trouvant souvent associé aussi bien à la "chair" (au terrestre) qu'à l'"esprit" (au divin); cf. première stance, "les brillans rayons de la flammeuse vie" vs "les plus vives lumières".

que le second transporte la charge sémantique plus fréquente de séductions mondaines ("onde", sonnet XII), ("mer", XI). Il est à remarquer qu'aucune distinction n'est faite dans l'exemple suivant entre les termes "eau" et "eaux", l'un comme l'autre étant investi de la notion toujours négative "chair".

> L'Esprit, qui n'est que feu de ses désirs m'enflamme,
> Et la Chair, qui n'est qu'eau, pleut des eaux sur ma flamme
> Mais ces eaux-là pourtant n'esteignent point ce feu.

On peut dès à présent retenir deux faisceaux isotopiques "chair" et "esprit". Il suffira alors d'examiner la détermination pour rendre compte du contenu sémantique des lexèmes ambigus. Le premier groupe examiné sera "l'air" vs "un autre air". La valeur représentative, actualisante de l'article défini semble situer le premier lexème sur l'isotopie "chair", ce qui impliquerait la valence "esprit" pour le second. Il convient de noter que l'isotopie "chair" s'impose ici comme isotopie dominante, celle à partir de laquelle l'autre est envisagée, le particulier ("un autre") ne pouvant être conçu qu'à partir du général ("le"). L'isotopie "esprit" n'existe donc qu'en fonction de l'isotopie "chair". Autrement dit, ce n'est qu'à partir de cette réalité concrète, existante, à savoir la chair que le poète pourra s'avancer vers l'abstraction qu'est la réalité spirituelle. La valeur sémantique de ces lexèmes étant fixée, on pourra aisément déterminer celle des lexèmes suivants, "feu" et "désir". L'adjectif possessif "mon" renvoyant au particulier, à l'unique que l'on a associé à l'isotopie "esprit" nous autorise à situer les lexèmes "feu" et "désir" sur cette isotopie. On examinera alors la troisième occurence du lexème "air": "cest air tousjours m'anime" (vs 5). On remarque d'abord que le contenu sémantique du lexème "anime" est pour ainsi dire neutralisé, les sèmes "stimulation", "ardeur", "exaltation" pouvant aussi bien s'inscrire au registre spirituel qu'au registre charnel. Ce processus de neutralisation affecte en général un élément qui appartient au même champ sémantique qu'un autre, le second "contaminant" alors par ses sèmes plus forts le contenu sémantique du premier. Ainsi, les lexèmes qui servent de modalisants aux lexèmes ambigus ne remplissent pas leur fonction déterminante dans la mesure où leur contenu sémantique se confond à celui des lexèmes qu'ils devraient déterminer. "Respire" dont la charge sémantique est déterminée par "air" se situe sur les deux isotopies à la fois, "allume" prend la valeur sémantique de "feu", "anime" de "cest air", "attire" de "désir". Jouant le rôle de rappel, l'adjectif démonstratif "cest" semblerait renvoyer à la dernière occurence du lexème "air", à savoir "un autre air". Et, pourtant, l'on ne peut écarter l'autre possibilité, "cest air" se rapportant à "l'air", possibilité suggérée par la valeur représentative et focalisante du démonstratif qui se confond à celle du défini et par la notion de continuité exprimée par "tousjours". Dans le deuxième hémistiche de ce vers, l'opposition "mon désir" vs "le désir", fortement marquée par la détermination, peut être reproduite selon l'articulation "esprit" vs "chair". Là encore le général, donc l'habituel, le normal est associé à l'isotopie "chair" alors que l'isotopie "esprit" est une fois de plus chargée des connotations "unique", "inhabituel", "particulier" inclues dans "mon".

On passera à présent au deuxième couple oppositionnel "l'eau" vs "les eaux". Les valences sémantiques des lexèmes précédents nous autorisent à ranger la première occurence du lexème sous l'isotopie "chair" et par opposition, la seconde sous l'isotopie "esprit", ce qui par contre-coup affecte l'investissement sémique du lexème "plaisir" qui se lirait alors selon l'isotopie "esprit". Or, le sémème central "jouissance" transporté par ce dernier lexème semblerait plus franchement se rapporter au champ sémantique "chair". L'exemple suivant, tiré des *Stances*, atteste l'ambivalence fréquente de ce terme:

> Tu voys je ne sçay quoy de plaisant et aimable,
> Mais le dessus du Ciel est bien plus estimable,
> Et de plaisans amours, et d'aimables plaisirs.

> Ces Amours, ces Plaisirs, dont la troupe des Anges
> Carressent du grand Dieu les merveilles estranges
> Aux accords rapportez de leurs diverses voix,
> Sont bien d'autres plaisirs, amours d'autre Nature.

Associé à l'isotopie "chair" dans la première occurrence, le terme "plaisant" (qui devient ensuite "plaisirs") s'inscrit dans les autres occurrences sur l'isotopie "esprit". Mais il est évident

46

que le terme n'a de sens qu'en fonction de son premier emploi et que, par conséquent, la valence "esprit" n'est autre qu'une contre-valorisation face aux valences négatives attribuées au lexème dans son premier emploi ("autres"). Le sens premier du lexème le situerait donc sur l'isotopie "chair", l'isotopie "esprit" étant ainsi une nouvelle fois reléguée au domaine de l'unicité, du non quotidien. Dans la deuxième occurence (sonnet VII), le lexème "plaisirs" comporte les deux valences;[13] ambivalence qui vient du même coup substituer au rapport antonymique des isotopies contrastives un rapport d'équivalence qui les confond dans l'isotopie englobante "Désir" ("envy", "plaisir(s)", "désir", "m'attire").

De cette étude lexématique ressort une isotopie dominante, l'isotopie "chair", en général plus nettement définie ("l'air", "l'eau", "Terre") à partir de laquelle une autre est envisagée, l'isotopie "esprit" dont les contours ne sont pas aussi bien délimités que ceux de la première ("les eaux de mon plaisir", "cest air", "les plaisirs"), les lexèmes qui la composent renfermant souvent des nuances associées à "chair". Toujours défini en fonction du charnel ("un autre", "mon", "les"), le spirituel n'existe qu'au niveau du désir, de la volonté et demeure donc souhait non réalisé ("à l'envy", "mon désir", "mon plaisir"). Cela explique la valorisation négative dont l'isotopie "esprit" est chargée: "mon martyre eslevé", lexèmes où les sèmes négatifs "peine" et "excès" sont fortement marqués et "un importun martyre" se rapportant certes à la coexistence du charnel et du spirituel mais plus encore aux tourments occasionnés par l'expérience spirituelle qui contraint le sujet à une attitude anormale "enfle", "colle à Terre".[14]

Sous l'influence d'agents contraires et complémentaires à la fois (chair-esprit), sous la pression inhabituelle, la Chair, devenue confuse, ne réagit plus normalement; elle ne remplit

---

[13] La valeur démonstrative de l'article défini semble toutefois accentuer la valence "chair", "les plaisirs" n'étant autres que "ces voluptés présentes" par opposition aux "délices invisibles".

[14] Sur ces images de collision, de distortion, voir M. Tetel, "Mannerism in the imagery of Sponde's 'Sonnets de la Mort' ", *RLMC*, 21 (1968), 5–12.

plus sa fonction habituelle, à savoir l'échange, la communication, l'écriture concrétisant ainsi l'échec de l'ouverture du moi au monde extérieur. Echec de la communication qui reflète les premiers signes de l'aliénation, les appels désespérés d'un moi en train de se perdre, de s'enfoncer plus profondément dans la folie, d'un moi qui, malgré lui, referme les portes du monde extérieur.

Reprenant momentanément de son pouvoir, la Chair amorce une nouvelle tentative pour se libérer des contraintes spatiales (le poète tente une nouvelle fois de communiquer). Dans cette tentative d'affranchissement, on distinguera deux étapes. La première met en route le processus de dispersion et d'exclusion (le moi s'efforce de retrouver l'équilibre à travers la réconciliation de la chair et de l'esprit). Ce processus se manifeste au niveau textuel par une extension de la syntaxe; la coupure à l'hémistiche est alors atténuée et la phrase s'étend plus franchement sur toute la longueur du vers. Les couples oppositionnels repérés dans les quatrains disparaissent; les symétries syntaxiques se font de plus en plus rares (''à la fin je me trouve''/''et la moindre à la fin''; ''en un estrange esmoy''/''en ceste peine extresme''). Les rapports d'opposition et de complémentarité des éléments destructeurs s'atténuent donc pour mettre plus nettement en relief une totalité unique qui n'a pas perdu sa valeur adversative: ''ces *divers effets* ne sont que *contre* moy''. Enfin, le rapport d'équivalence établi entre les entités contrastives vie (peine) = mort (vs 11) s'inscrit dans la même entreprise d'anéantissement des éléments contradictoires. Entreprise qui a un résultat contraire à celui souhaité puisqu'elle résulte en une fragmentation, une division (la tentative de réconciliation du corps et de l'âme ravive les rapports d'opposition et aboutit au déchirement plus profond du moi). Ainsi, la syntaxe compartimentée, faite de phrases indépendantes simplement juxtaposées, s'accompagne du retour des oppositions binaires (''ce Monde'' vs ''chasque part'', ''chasque part'' vs ''sa part'', ''sa part'' vs ''la moindre'') qui décrivent à présent un mouvement très net vers l'amoindrissement, vers l'infimité. Mouvement aussitôt contrecarré par un mouvement inverse qui marque une progression, du personnel au collectif, du "je" au "nous". De ces deux mouvements ressort une certaine stabilisation de la situation paradoxale dans la mesure où l'on passe du conflit personnel à une observation plus générale sur la nature humaine. Sous les pressions contraires, la Chair présente donc un apaisement provisoire, une stabilisation superficielle qui tend à faire oublier la plaie plus profonde. Si le déchirement du moi n'aboutit pas cette fois à l'échec total de la communication, du moins aboutit-il à une certaine clôture; le moi profond ne pouvant plus s'extérioriser, le poète se tourne vers l'autre, vers le "nous" pour tenter d'exprimer à travers lui, l'expérience intime.

A travers la Chair, le poète donnait vie à l'expérience abstraite de l'Esprit. Se tournant vers l'autre dans une sorte d'appel au secours, il tentait par le "dire" de communiquer le "vivre". A travers l'écriture, il consacrait la victoire de la Chair qui se confondait alors à celle de l'Esprit [Créateur]. Par l'expérience poétique, il réalisait donc l'équilibre rêvé entre chair et esprit (Chair et Esprit) tout en reproduisant le déséquilibre existant profondément en lui. Par le biais d'une même entreprise, il confessait l'échec de l'homme et consacrait le triomphe du poète.

Chapitre IV

La Sémantique du Poème:
Sonnet II, Proposition de Lecture

> Pource tu te doibs travailler d'estre copieux en
> vocables, & trier les plus nobles & signifians
> pour servir de ners & de force à tes carmes,
> qui reluyront d'autant plus que les mots se-
> ront significatifs, propres & choisis.
> Ronsard, *Abbrégé de l'Art poétique*

Le choix de la voie d'approche semble appeler quelques explications. Pourquoi ainsi soumettre à une analyse exhaustive le domaine lexical d'un texte apparemment simple? L'on s'appuyera d'abord sur une observation de Gérard Genette dans un discours prononcé au XIXe Congrès de l'Association des études françaises:[1]

> …l'analyse thématique, en littérature, et particulièrement en poésie, ne peut se dispenser de certaines considérations linguistiques, ou para-linguistiques, et…l'étude d'un thème poétique appelle nécessairement, et d'une façon peut-être préjudicielle, celle de l'espace verbal à l'intérieur duquel il trouve sa place, son ordre et son jeu. Nous savons bien que la rêverie poétique n'est pas seulement une rêverie sur des choses et des images, mais peut-être d'abord une rêverie sur des mots, et plus encore, comme nous le suggère Bachelard, une rêverie des mots.

---

[1] *Cahiers de l'Association Internationale des Etudes Françaises*, 20 (1968), p. 149.

De plus, comme l'explique M. Riffaterre dans *La Production du texte* (Paris: Seuil, 1979, p. 31), "le sens résulte d'un rapport entre signifiants", ce qui justifie la sémantique du poème puisqu'elle "repose entièrement sur des mots arrangés à l'avance, sur des groupes préfabriqués, dont le sens ne tient pas aux choses, mais à leur rôle dans un système de signifiants. Leur ambiguïté ou leur pouvoir suggestif, loin d'être comme le veut l'interprétation habituelle, une polysémie suractivée, est un filtrage par des interférences structurales. Les combinaisons verbales changent d'aspect, leur sens se modifie constamment avec la progression de la lecture" (*Ibid.*, p. 44). Or, dans le cas du deuxième sonnet, la critique a généralement interprété ce poème comme commentaire sur l'inévitabilité de la mort, comme rappel aux hommes de leur tragique condition car elle a, pour ainsi dire, "immobilisé" le texte en lisant le poème comme une suite d'illustrations du premier vers, "Mais si faut-il mourir"[2] alors que chaque nouveau groupe de signifiants vient constamment renouveler le rapport vie-mort, l'enrichir d'une nouvelle dimension. A mesure que l'on avance dans le texte, on voit le rapport mort-vie (vs 1) se modifier pour enfin en arriver au renversement même de ce rapport vie-mort (vs 14). Une étude approfondie des significations et de leurs combinaisons intratextuelles jette donc une lumière nouvelle sur la thématique du poème et sur la tradition suivie ici par Sponde qui semble s'inscrire non dans la lignée du "vanitas vanitatum" mais plutôt dans celle du "carpe diem".[3]

Mais si faut-il mourir, et la vie orgueilleuse,
Qui brave de la mort, sentira ses fureurs,
Les Soleils haleront ces journalières fleurs,
Et le temps crèvera ceste ampoulle venteuse,

---

[2] A. Boase, *Jean de Sponde: Oeuvres littéraires* (Droz, 1978), pp. 118–119; Soeur Marie du Crucifix Caron, "La Pensée et le style de Sponde dans ses 'Poésies' et 'Méditations'." Thèse non publiée (University of Wisconsin, 1966), pp. 78–80; Laura Durand, "The Poetry of Jean de Sponde: A Critical Evaluation." Thèse non publiée (University of Michigan, 1963), pp. 73–76; Odette de Mourgues, *Metaphysical, Baroque and Precieux Poetry* (Oxford, 1963), pp. 57–58.

[3] T. C. Cave, *Devotional Poetry in France* (Cambridge University Press, 1969), pp. 147–156 et 176–177 voit dans cette accumulation d'images à valeur morale un procédé stylistique typique du poète dans la tradition "vanitas vanitatum".

Ce beau flambeau, qui lance une flamme fumeuse,
Sur le verd de la cire esteindra ses ardeurs,
L'huile de ce Tableau ternira ses couleurs
Et ces flots se rompront à la rive escumeuse.

J'ay veu ces clairs esclairs passer devant mes yeux,
Et le tonnerre encor qui gronde dans les Cieux,
Ou d'une, ou d'autre part, esclattera l'orage.

J'ay veu fondre la neige, et ses torrens tarir,
Ces lyons rugissans je les ay veus sans rage,
Vivez, hommes, vivez, mais si faut-il mourir.

Dès une première lecture, il est possible de constater la redondance de certains lexèmes: d'une part, "mourir" (vs 1), "mort" (vs 2), l'anaphorique "ses" qui renvoie à "mort" (vs 2), "mourir" (vs 14) et d'autre part, "vie" (vs 1), "qui" et "ses" (vs 2), "vivez, vivez" (vs 14). On remarque aussi que ces lexèmes désignent des notions susceptibles de remplir fonction de sèmes. Or, comme l'indique M. Van Djik, "lorsqu'un sème s'actualise directement à la surface lexématique, on a souvent affaire à un mot-thème de ce texte."[4] On peut donc aussitôt considérer les termes "vie" et "mort" comme représentatifs des isotopies sémiques à décrire. Le système descriptif de "vie" se lit ainsi: temporalité (durativité); manifestation (vitalité); activité, participation; animé, mobilité; altération (passage dynamique d'un état à l'autre); être, essence; supérativité (expansion, croissance, développement, reproduction); lumière, clarté. La structure sémique du terme "mort" pourrait être reproduite de la sorte: permanence; inanimé, immobilité; altération (passage définitif d'un état dynamique à un état statique); non-être, néant; inférativité (disparition, extinction); obscurité, ténèbres. Dès à présent, le couple oppositionnel vie vs mort peut être réinterprété en termes de: mobilité vs immobilité; altération vs permanence ou dynamisme vs statisme; être vs non-être; supérativité vs inférativité; lumière vs obscurité.

Il s'agit alors d'extraire les contextes comportant les lexèmes "vie" et "mort". Par contextes, l'on entend les lexèmes

---

[4] T. A. Van Dijk, "Sémantique structurale et analyse thématique", *Lingua* 23 (1969), 37.

qui qualifient "vie" et "mort"; ces qualifications peuvent être adjectivales, substantivales ou verbales, ces dernières s'appliquant plus particulièrement aux fonctions de "vie" et de "mort". Quatre lexèmes se rapportent à "vie", "orgueilleuse", "brave", "sentira", "fureurs" tandis qu'un seul définit "mort", le lexème "fureurs". La distribution syntaxique autorise en effet deux lectures des premiers vers:

> Mais si faut-il mourir, *et la vie orgueilleuse,*
> Qui brave de la mort, *sentira ses fureurs*

L'adjectif possessif "ses" reste ambigu dans la mesure où il pourrait tout aussi bien se rapporter à "vie", la distribution syntaxique forçant un parallélisme entre les deux derniers hémistiches, qu'à "mort". L'analyse syntaxique ne nous permettant pas de déterminer la lecture à choisir, l'on s'en remettra à présent à l'analyse sémantique. Le modalisant "orgueilleuse" pourrait être défini en termes de sur-estimation de soi d'où l'on dégage les notions d'ostentation, de domination et sous-estimation d'autrui avec les nombreuses associations de mépris, arrogance, présomption, vanité. Le sème moral, juxtaposé au lexème "vie", qui confère à cette notion abstraite une certaine humanisation, autorise le rapprochement avec le dernier vers: "Vivez, hommes, vivez". Non restreinte à la vie en général, cette qualité qui s'applique aussi bien à la manière de vivre de l'homme s'affirmant insolemment contre le non-être constitue un leitmotif des *Sonnets de la Mort*. Si l'on considère à présent les termes du deuxième vers, l'on s'aperçoit qu'ils sont dans des rapports de contiguïté (de cause à effet) et d'antonymie (agent "qui brave" vs patient "sentira"). L'analyse sémique met en relief le rapport antonymique. Ainsi, du lexème "brave", on peut extraire les sémèmes: violente manifestation (témérité, hardiesse); domination, violence (tenir tête); agressivité (défier, provoquer), notions qui supposent une croyance en sa supériorité personnelle et qui impliquent donc les idées d'ostentation, d'arrogance, de sous-estimation d'autrui. Pour "sentira", les sèmes suivants seront retenus: passivité dans le sens d'inactivité, manque de participation, d'où ce qui ne s'impose pas (manque d'agressivité) et passivité dans le sens d'absence de réaction, soumission (patient, victime) et enfin

53

inférativité (vulnérabilité, ce qui est voué à la destruction). Le rapport entre "brave" et "sentira" peut être alors reformulé en tant que: manifestation (violence) vs passivité; domination vs soumission; agressivité vs manque d'agressivité. Enfin, "fureurs" transporte les charges sémantiques suivantes: puissance dans sa manifestation; violence (déchaînement, explosion); négativité (passion excessive, impétuosité avec l'intention de détruire).

Ce début d'analyse met en relief certains sèmes qui peuvent être considérés comme messages qualificatifs rendant compte de l'investissement sémantique de "vie" et de "mort".

Isotopies	Sèmes	Contextes
Vie	Ostentation	"orgueilleuse"
		"brave"
Vie	Agressivité	"brave"
Vie	Passivité-inférativité	"sentira"
Vie-Mort	violence	"fureurs"

Le sème ostentation, étroitement lié au sème manifestation donne au lexème "vie" une valeur toute spéciale; "vie" est par essence manifestation mais sous cette manifestation se dissimule une sorte d'orgueil, le désir de se montrer, de se faire reconnaître. De par sa nature même, la vie s'avère orgueilleuse. Par conséquent, le fait même d'exister doit être considéré comme une bravade, un défi à la mort. Bien que s'appliquant au même lexème "vie", les sèmes agressivité, passivité-inférativité marquent une très nette opposition; ils dénotent la nature paradoxale de la vie; puissant agent, elle est appelée aussi à jouer le rôle de patient; vulnérable, elle est vouée tôt ou tard à faillir. Enfin, la lecture plurielle des deux premiers vers confère au sème violence une double valeur; en tant que déterminant de "vie", il traduit une "explosion de vie", une active participation, une puissante manifestation; en tant que déterminant de "mort", il désigne la violence d'une activité brutale imposée par un agent à un patient.

Parmi les autres qualifications dans le texte, la catégorie adjectivale comprend cinq lexèmes: "beau", "journalières", "clairs", "fumeuse" et venteuse". "Beau" et "clairs" partagent le sème agressivité (ce qui s'impose à l'oeil par son éclat, donc ce qui exerce une emprise). La structure sémique de "clairs" est cependant plus complexe puisqu'elle renferme un sème opposé à celui qui vient d'être énoncé, le sème passivité (peu foncé, atténué, donc ce qui ne s'impose pas). "Clairs" se réalise aussi partiellement à travers le sème luminosité, clarté, présent dans "journalières". Ce dernier lexème comprend également les sèmes durativité, temporalité donc vulnérabilité; itérativité (ce qui se répète, retour, cycle) et altérativité (voué au changement). "Venteuse" et "fumeuse" présentent en commun le sème vaporosité donc vulnérabilité, évanescence, éphémère, notions auxquelles s'ajoute, pour "fumeuse", le sème inférativité (ce qui manque de lumière, de clarté).

La catégorie substantivale renferme des lexèmes à composition sémique similaire. Ainsi, les lexèmes "flamme", "ardeurs", "couleurs" se trouvent investis des sèmes luminosité (clarté) et agressivité (ce qui s'impose de par sa vivacité, de par son éclat). "Rage" se distingue par des sèmes tels qu'agressivité, violence (déchaînement, fureur). Dans la catégorie verbale, "crèvera", "se rompront" et "esclattera" s'inscrivent dans la même lignée sémique selon: disjonction (fragmentation), négativité (destruction), violence (éclatement). Le lexème "gronde" se réalise en partie dans les lexèmes précédents selon agressivité (provocation, menace), violence (colère, véhémence), manifestation, cette dernière notion suggérant un certain désir de reconnaissance. "Rugissans" présente à peu près la même structure: manifestation de l'Etre ("rugir" désignant le cri propre à l'espèce), agressivité (menace), violence (fureur, véhémence). "Ternira", "esteindra", "fondre", "tarir" renferment les sèmes altérativité, inférativité (dépourvu d'éclat, réduction à un autre état, manque, pénurie). "Esteindra", "fondre" et "tarir" sont chargés du sème négativité (disparition, extinction) alors que "tarir", "fondre", "ternira" partagent le sème passivité, ces trois verbes dénotant une absence totale de participation et, dans le cas de "ternira", on peut parler de passivité dans la mesure où

55

ce verbe désigne quelque chose d'effacé, de passé, d'où ce qui ne s'impose pas vu son manque d'éclat.

Les sèmes négativité et violence semblent s'imposer comme sèmes centraux de "haleront". Ce terme désigne en effet une émission de lumière qui, par sa puissance, devient néfaste et cause la destruction des objets exposés (déshydratation) ou une altération de type négatif (obscurcissement, flétrissement, usure). L'investissement sémique de "lance" laisse également paraître des sèmes précédemment mentionnés: ostentation (manifestation dans l'intention de se faire reconnaître), violence (projection, explosion). De même, "passer" reprend certains sèmes tels que: passivité (manque de participation dans le sens de s'abstenir), altérativité, inférativité (perte de l'éclat, disparition, extinction) auxquels s'ajoutent ceux de mobilité et de temporalité (durativité).

Plusieurs lexèmes "haleront", "crèvera", "se rompront", "esclattera" renferment à la fois le sème négativité et le sème violence. Or, ces deux sèmes se trouvaient également dans le lexème "fureurs" quand celui-ci se rapportait à "mort". On peut donc considérer ces quatre lexèmes comme appartenant à l'isotopie Mort.

Rappel schématique des sèmes et de leurs actualisations

Sèmes	Ostentation-agressivité		passivité-inférativité	
Contextes (2e classe de qualifications)	"flamme"	"beau"	"ternira"	"esteindra"
		"couleurs"		"fumeuse"
		"ardeurs"		
		"clairs"	"clairs"	
			"passer"	"passer"
		"rage"		"fondre"
		"rugissans"		"tarir"
		"gronde"		
(1ere classe)	"orgueilleuse"		"sentira"	"sentira"
	"brave"			

56

Sèmes	Vulnérabilité	négativité	violence
Contextes (2ᵉ classe)	"journalières"	"haleront"	"haleront"
	"venteuse"	"crèvera"	"crèvera"
	"fumeuse"	"se rompront"	"se rompront"
		"fondre"	"rage"
		"tarir"	"rugissans"
			"gronde"
		"esclattera"	"esclattera"
(1ᵉʳᵉ classe)			"brave"
		"fureurs"	"fureurs"

La représentation schématique met en évidence une similarité entre la première et la seconde classe de qualifications; la seconde reprend en effet les sèmes dégagés dans la première. Le rapprochement entre ces classes de qualifications autorise le rapprochement entre les lexèmes qualifiés car, si ces classes confèrent des contenus identiques à certains lexèmes, ces derniers ne peuvent être qu'équivalents. On peut alors constituer de nouvelles classes, classes d'actants, composées de lexèmes équivalents.

Isotopie Vie	Isotopie Mort
"fleurs"	"Soleils"
"ampoulle"	"temps"
"flambeau"	"flots" ("rive")
"Tableau"	"orage"
"esclairs"	
"tonnerre"	
"neige"	
"torrens"	
"lyons"	

Il conviendra à présent d'examiner la composition sémique des actants "Vie". Le système associatif des lexèmes "fleurs", "flambeau" et "Tableau" semble présenter plus d'intérêt que leur investissement sémique. Celui-ci fait apparaître un lien entre les trois lexèmes à travers les notions de beauté et d'éclat (luminosité) mais alors "fleurs" d'où se dégage l'idée de temporalité s'oppose à "Tableau" qui contient la notion d'expansion, d'immortalité, l'oeuvre d'art représentant une sorte de triomphe sur la mort. "Neige" se réalise en partie dans ces trois lexèmes en tant que beauté (blancheur) et éclat (luminosité) mais vient plus particulièrement s'opposer à "torrens" en tant que congélation (solidification) vs liquidité (fluidité). L'investissement sémique de "torrens" pourrait être complété de la sorte: mobilité; expansion (multiplicité), violence (véhémence), puissance. Ces deux dernières notions auxquelles s'ajoute celle d'agressivité se retrouvent d'ailleurs dans le lexème "lyons". Malgré un certain lien sémique avec "flambeau", éclat, le lexème "ampoulle" se rapproche plus particulièrement de "fleurs": rotondité (enflement); fragilité (légèreté, vide) d'où émane la notion de temporalité.

Les sèmes beauté, luminosité, expansion, temporalité, fragilité, violence s'imposent avec force et semblent constituer de nouvelles isotopies, des sous-thèmes au thème Vie. Fragilité et violence semblent justifier en quelque sorte la mort tandis que beauté vient rendre la destruction plus cruelle, plus pénible. Le choix de cet aspect de la vie trahit la profonde souffrance, l'émotion soutenue du poète, témoin de la destruction. Les sèmes luminosité et violence sont répétés d'une manière frappante dans le premier tercet: "j'ay veu" (visualité, d'où par association, lumière, clarté, découverte); "clairs", "esclairs" (clarté, vivacité), "yeux" (récepteurs de lumière et ouverture sur la lumière); "Cieux" (d'une certaine façon, émetteurs de lumière et par connotation, lumière éternelle); "esclairs", "tonnerre", "gronde", "esclattera" (agressivité, fureur). Dans cette strophe, le sème violence est étroitement lié à trois nouveaux sèmes: climaticité ("esclairs", "tonnerre", "orage"), sonorité ("tonnerre", "gronde", "orage"); spatialité ("passer", "Cieux", "d'une ou d'autre part"). Le choix et la reprise insistante des sèmes luminosité, sonorité, véhémence, spatialité ajoutent une telle puissance au texte qu'une simple représentation de l'orage se transforme en une véritable vision apocalyptique.

Parmi les actants "Mort", les lexèmes "Soleils", "temps", "orage" partagent les sèmes temporalité, durativité; climaticité (état de l'atmosphère). Est à souligner le lien sémique avec "venteuse", et "esclairs", "tonnerre", "neige" et "torrens". Il semble qu'on pourrait parler ici d'une isotopie du climat. La notion de cycle, impliquée dans le sème climaticité, renforce le lien sémique avec le deuxième tercet. "Soleils" et "orage" renferment aussi le sème luminosité (éclat, vivacité) et, surtout pour "Soleils", chaleur. Le sème violence (puissance), plus évident dans "orage" se retrouve dans le lexème "flots" qui se compose également des sèmes spatialité, mobilité, expansion (multiplicité), itérativité (mouvement sans cesse recommencé). Le lexème "rive", défini en fonction du lexème "flots", donc sous l'isotopie Mort, reprend certains sèmes de "flots" spatialité, temporalité (limite, terme, aboutissement) auxquels se joignent ceux d'initialité (lieu où l'on aborde) et expansion ("ouverture sur" qui suggère peut-être dans ce contexte, ouverture sur l'Autre Vie). Accompagné du modalisant "escumeuse" qui contient le sème blancheur, lié à "vie", ce lexème semble entretenir, grâce aux sèmes initialité et expansion, une relation métaphorique avec "vie", "vie" qui prend alors une autre dimension puisqu'associée aux notions d'expansion, d'éternité, d'immortalité déjà signalées dans "Tableau". La description sémique de ces lexèmes a permis de dégager les sèmes climaticité, temporalité, luminosité, violence, sèmes précédemment associés à la classe "Vie". Ne faut-il donc pas voir la mort comme l'aspect négatif de la vie, aspect qui résulte plus précisément de sa propre violence? Cette description de la vie viendrait renforcer notre lecture du deuxième vers: "La vie, bravade à la mort, sentira ses propres fureurs."

Il est possible à présent de tirer les conclusions suivantes: l'isotopie "Vie" peut être considérée comme l'isotopie dominante ou isotopie de premier ordre; elle renferme en effet la majorité des lexèmes du texte. De plus, elle se trouve directement associée à deux autres isotopies: une isotopie métaphorique que l'on pourrait définir comme isotopie élémentaire et une isotopie de modalisation. La première, constituée des classes d'actants, entretient une relation d'équivalence avec l'isotopie de premier ordre tandis que la seconde, composée des classes de qualifications, n'existe qu'en fonction de l'isotopie Vie avec laquelle elle contracte une relation de déterminant à déterminé. L'isotopie Mort assume un rôle secondaire, d'une part en tant qu'isotopie lexicale (celle-ci renfermant moins de lexèmes que l'isotopie Vie), d'autre part en tant qu'isotopie sémique (les sèmes investis dans les actants Mort répétant ceux dégagés dans les actants Vie). L'isotopie Mort n'existe donc qu'en fonction de l'isotopie Vie. Dans la polarité Vie-Mort, la mort semble donc soumise au concept de la vie; elle est vue comme son autre, le négatif du positif et non pas comme autre en soi. Et si le premier vers semble considérer le problème de la mort, il serait toutefois inexact de dire que la mort est le thème de ce poème car, en fait, la prise de conscience de cette cruelle réalité ne fait que déclencher une "reconsidération" de la vie. C'est bel et bien la vie, l'essence des choses qui sont, pour ainsi dire réexaminées. Et cette réflexion sur la vie cause un glissement sémantique de la notion de mort, glissement favorisé par l'évocation de la réalité terrestre. A l'exemple de l'harmonie naturelle, de l'ordre des choses de ce monde, le rapport vie-mort se transforme en une relation de la partie au tout. Vie et mort, désormais éléments d'une même équation, se rapportent au dénominateur commun Vie, cycle inlassablement répété dans lequel naissance et mort ne sont que les éléments assurant le mouvement de succession perpétuel, le phénomène même de la Création. Envisagée sous cette optique, la mort, désormais "une des pièces...de l'ordre de l'univers, une pièce de la vie du monde",[5] donc partie intégrante de la vie, se trouve dépouillée de ses attributs traditionnels de peur et d'horreur. Il n'est plus question de la mort destructrice mais de la Vie qui engendre et détruit la vie car, comme affirme Montaigne, "le continuel ouvrage de [la] vie, c'est bâtir la mort."[6] Ainsi, au vers 3, "Soleils" est à la fois source de vie et agent de destruction. De par leur nature même, les choses semblent désigner l'agent destructeur. Au vers 4, le temps détruit ce qui, par nature, est affecté par le temps. Dans le deuxième quatrain, la destruction se présente comme l'effet d'une force interne. Le rapport antonymique

---

[5] M. de Montaigne, *Les Essais* (Paris: Gallimard, 1962), p. 91.
[6] *Ibid.*, p. 91.

(agent vs patient) présenté au deuxième vers réapparaît mais cette fois agent et patient sont dans des rapports d'équivalence.

La nature antagoniste de la vie explique donc le phénomène de la destruction. "Le premier jour de votre naissance vous achemine à mourir comme à vivre",[7] souligne encore Montaigne. Esquissée dès le deuxième vers sous le rapport agent-patient ("Qui brave"-"sentira"), cette idée est plus amplement développée dans le deuxième tercet. Elle est traduite par la juxtaposition de lexèmes opposés, juxtaposition qui crée une forte tension dialectique. Ainsi, au vers 12, l'anaphorique "ses" force la juxtaposition des lexèmes "neige" et "torrens" qui opèrent une dichotomie selon: solidité vs liquidité; compacité vs fluidité; fixité vs mobilité; contraction vs expansion; unicité vs pluralité. L'"isotopie des saisons", évoquée dans ce même vers, est encore plus frappante.

J'ay veu fondre la neige et ses torrens tarir

Les lexèmes "fondre" et "neige" pourraient être représentés au niveau sémique comme: liquéfaction (manque de consistance) vs solidification (consistance); négativité vs positivité. "Torrens" et "tarir" pourraient être réécrits en tant que: multiplicité vs limitation; expansion vs extinction; positivité vs négativité. Le vers se lirait alors en termes de négativité-positivité-positivité-négativité ou encore en termes de mort-vie vie-mort. La fonte des neiges au printemps, la sècheresse en été ou encore le cycle des saisons traduit donc métaphoriquement le cycle de la vie et de la mort, dont le mouvement de succession éternellement recommencé reproduit l'oeuvre intégrale de la Création. De là découle encore une fois que la mort est inclue dans la vie et que, nécessaire au renouvellement même de la vie, elle collabore à l'œuvre parfaite de "cest Autheur de Vie" (X). La construction paradoxale, "brave" vs "sentira", qui laissait entrevoir la mort comme conséquence naturelle de la vie, se reproduit au vers 13: "rugissans" vs "sans rage". L'opposition vie-mort semble ici atténuée par

---

[7] *Ibid.*, p. 91.

61

l'emploi de termes appartenant au même champ sémantique. "Rugissans" et "rage" traduisent le désir violent de participer pleinement à la vie et la volonté de faire reconnaître cette participation. Le second terme est toutefois accompagné de la préposition "sans", qui, de par sa valeur négative, contribue à la rapidité de l'effet, annulant tout ce qui constituait l'état premier ("rugissans") et l'état présent (traduit par le participe présent). La dernière image de la destruction évoquant la disparition de l'état présent explique en partie le nouvel assaut de violence, la nouvelle "fureur de vivre" traduite par le ton insistant des deux impératifs en fin de poème: "Vivez, hommes, vivez". La réapparition de la première proposition, "Mais si faut-il mourir . . . ", indique que la méditation sur la vie est terminée. Peut-être, dans l'intention de démontrer l'inévitabilité de la mort, le poète a-t-il ressenti les implications profondes de la vie. La reprise de l'élément assertif "mais si" souligne le désir de démonstration. Sponde certes reconnaît que tout a une fin mais une fin presque voulue, semblable à une sorte de fatigue après une étonnante course. Placée immédiatement après l'exhortation à la vie où l'on sent la révolte de celui qui ne peut encore se résoudre au non-être, l'assertion semble anticiper la volonté d'accepter l'inévitable et plus encore, la résolution de "bien-vivre" avec ce qui ne saurait être changé.

S'il est vrai qu'en cette fin de siècle l'on a tenté d'amorcer des réflexions originales sur la nature de la condition humaine, aucune n'est autant imprégnée de vie que ce sonnet de Sponde. Il suffit de comparer ce passage du *Traité de la Constance de Du Vair*

> . . . les fruits fleurissent, se nouent, se nourrissent,
> se murissent, se pourissent; les herbes poindent,
> s'estendent, se fanent; les arbres croissent,
> s'entretiennent, se seichent; les animaux naissent,
> vivent, meurent . . .[8]

ou encore ces quelques vers de Chassignet

---

[8] Cité par J. Rousset, *La Littérature de l'âge baroque en France* (Paris: J. Corti, 1953), p. 121.

A beaucoup de danger est sujette la fleur,
Ou l'on la foule aus piez, ou les vens la ternissent;
Les rayons du soleil la brulent et rotissent,
La beste la dévore, et s'éfeuille en verdeur.[9]

pour distinguer la voix originale de Sponde dans le deuxième sonnet. L'expression du "momento mori" n'est pas ici, comme chez les autres écrivains, une réplication du processus de destruction mais une représentation dynamique de la vie, une "recréation" des métamorphoses qui en assurent le constant renouvellement. Par une série de brusques changements, Sponde vise à rendre compte de l'essence même de la vie. On assiste à un véritable feu d'artifice où tout est, aussitôt jailli, aussitôt disparu. La récurrence du sème violence-puissance souligne l'accent mis sur le dynamisme de la vie. Dans un tableau débordant de vie où l'on sent une sorte d'ivresse de vivre, les choses matérielles apparaissent douées d'une force extraordinaire, la force de vivre et de se détruire comme si elles cherchaient à épuiser ce "surplus" de vie en elles de sorte à tout recommencer. Bien que la présentation soit fort différente, l'on ne saurait manquer de rapprocher ce sonnet de la célèbre ode à Cassandre de Ronsard:

Mignonne, allon voir si la rose
Qui ce matin avoit déclose
Sa robe de pourpre au soleil,
A point perdu cette vesprée,
Les plis de sa robe pourprée
Et son teint au vostre pareil.
Las, voiés comme en peu d'espace
Mignonne, elle a dessus la place
Las, las, ses beautés laissé cheoir!
O vraiment maratre Nature,
Puisqu'une telle fleur ne dure
Que du matin jusques au soir.
Donc, si vous me croiés, mignonne:
Tandis que vostre age fleuronne
En sa plus verte nouveauté,
Cueillés, cueillés votre jeunesse

---

[9] J. B. Chassignet, *Le Mespris de la Vie et Consolation contre la Mort* (Genève: Droz, 1953), p. 96.

63

Comme à cette fleur la vieillesse
Fera ternir votre beauté.[10]

Bien que chez Ronsard l'accent soit principalement mis sur la détérioration de la beauté, on trouve dans les deux textes le même rappel de la rapide métamorphose des choses d'ici bas, de la cruelle violence de la vie. Ronsard aussi bien que Sponde tend à démystifier la mort en en détruisant les masques dont on l'affuble traditionnellement. Tramée dans la vie, la mort est ressentie par les deux poètes comme disparition de l'état présent. A la finitude inévitable, l'un comme l'autre répond avec le même élan épicurien, le même "cri du coeur" ("Vivez, hommes, vivez"; "Cueillés, cueillés, votre jeunesse") qui s'inscrit dans la tradition de la jeune Renaissance, celle du "carpe diem". Quelques années plus tard, Montaigne viendrait se joindre à eux dans leur quête du "bien-vivre" en déclarant: "Si vous avez fait votre profit de la vie, vous en estes repu, allez-vous en-satisfait."[11]

Rappel schématique de l'isotopie Vie et de ses articulations sémiques

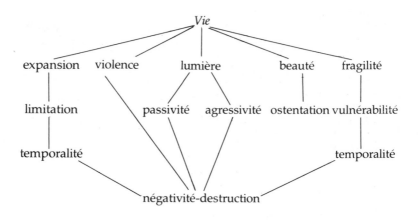

---

[10] P. Ronsard, *Oeuvres complètes*, ed. critique P. Laumonier (Paris: S.T.F.M., 1914–1953), vol. II, p. 168.
[11] *Op. cit.*, p. 91.

Chapitre V

Analyse Sémantique
Autour du Groupe Oppositionnel
Vie vs Mort

D'autant es-tu Dieu comme tu te reconnais
homme?
Montaigne, *Essais*

Bien que le titre du recueil (*Les Sonnets de la Mort*) semble
privilégier le thème du mourir, prétendant ainsi faire pénétrer
le lecteur dans le seul univers sémantique de la mort, on se
rend aussitôt compte que ce thème n'existe jamais seul mais
toujours en fonction de son opposé, le thème de la vie. Les
nombreuses occurences des termes "vie" et "mort" dans la
manifestation textuelle (29 pour "mort" ou "mourir", 23 pour
"vie" ou "vivre") nous autorisent à considérer le couple vie-
mort comme isotopies principales de l'oeuvre. Il s'agira alors
de montrer que ces deux articulations entrent elles-mêmes en
jeu avec d'autres oppositions génératrices de rapports et de
tensions, oppositions qui seront considérées comme isotopies
secondaires ou isotopies de modalisation puisqu'elles vien-
nent définir les isotopies de premier ordre. Dans le cadre d'une
analyse sémantico-thématique autour des mots "vie" et
"mort", on mettra en évidence les articulations sémiques des
textes poétiques et on pourra rendre compte, sinon exhaus-
tivement, du moins plus profondément de la poésie spon-
dienne, proposant ainsi une lecture plus riche des *Sonnets de la*

Mort. On verra alors le conflit qui repose sur l'antagonisme entre vie et mort, mortel et éternel, corps et esprit se préciser et aboutir non seulement à une définition de la nature de la mort mais plus encore à une remise en question de la nature de la vie et finalement à la victoire de la vie sur la mort.

Le premier sonnet détermine le ton du recueil tout entier. Sponde pose aussitôt le problème fondamental de l'homme sur terre: la hantise de la mort. L'angoisse existentielle se traduit dès le premier vers. C'est en effet le problème de la mort qui y est d'abord soulevé, mort qui vient définir l'être humain en tant que "mortel" et dénoncer l'aspect temporel négatif de l'existence humaine. Le poète détermine ainsi la nature de la vie, vie vouée à la fin irrémédiable, à l'absurde finitude. Pourtant, dès la deuxième occurence du terme "vie", on comprend, grâce à l'emploi de l'adverbe "encor" que ce terme transporte une charge sémantique différente.

> Mortels, qui des mortels avez pris vostre vie,
> Vie qui meurt encor dans le tombeau du Corps

On perçoit également un changement dans le rôle des actants; ce n'est plus la mort qui détruit la vie mais la Vie qui meurt dans la vie, dans le "tombeau du Corps". Le couple oppositionnel vie vs mort se transforme ici en vie vs Vie et se manifeste dans un symbole platonicien bien connu à l'époque en termes d'englobant (vie corporelle) vs englobé (vie spirituelle) ou encore en termes de prison ("tombeau du Corps") vs prisonnier (Vie étouffée dans l'enveloppe corporelle). Si l'on introduit l'isotopie de modalisation négativité vs positivité, on s'aperçoit que "vie" se lit dans un cas comme dans l'autre en termes de négativité puisqu'elle est toujours définie comme quelque chose de limité soit par la mort soit par la vie corporelle et c'est précisément de ces limitations que vient l'angoisse existentielle. On peut également établir une équivalence entre mort et vie matérielle dans la mesure où l'une comme l'autre tend à limiter, à étouffer la Vie. Le quatrième vers réintroduit la mort en tant qu'actant ennemi; elle s'impose une fois de plus comme menace à la vie, fin, anéantissement de l'être. Le jeu de mots ra"vie"-revit semble autoriser une autre lecture qui vient jouer sur la seconde valeur du terme "vie".

De ceux dont par la mort la vie fust ravie

La mort deviendrait alors l'actant ami et s'imposerait comme ouverture, libération, origine, re''création'' de la vie spiri- tuelle. Dans ces quatre premiers vers, le phénomène de la vie et de la mort est envisagé sous différentes perspectives; l'une tend vers la démystification de la mort, vers l'acceptation de la nécessité naturelle, acceptation basée sur l'expérience qui at- teste le côté éphémère des choses de ce monde; l'autre de nature platonico-chrétienne aboutit également à l'acceptation dans la mesure où elle produit un glissement sémantique de la notion de mort qui passe d'un non-être démystifié car quoti- dien au statut positif d'ouverture sur l'autre vie.

> Vous qui voyant de morts leur mort entresuivie,
> N'avez point de maisons que les maisons des morts,
> Et ne sentez pourtant de la mort un remors,
> D'où vient qu'au souvenir son souvenir s'oublie?

Dans ce deuxième quatrain, la reprise du terme ''mort'' et l'emploi de l'adjectif ''entresuivie'' au sein duquel résonne le terme ''vie'' semblent décrire le mouvement de succession perpétuel par lequel se fait l'oeuvre intégrale de la création. Décomposée en occurrences individuelles inlassablement ré- pétées, la mort devient dans cette vision cyclique un élément naturel, inscrit depuis toujours au registre de la vie. Les inter- rogations du passé aboutissent à une même constatation fi- nale: contre la mort, on ne peut rien. L'homme est entraîné dans ce grand tourbillon, ce mouvement vertigineux qu'est la vie. Le rapport vie-mort, réévalué à travers l'image de clôture ''la maison des morts'' qui fait écho à l'image précédente de la vie comme ''tombeau du Corps'' semble se fixer un instant dans l'équivalence, autorisant la synthèse impossible des élé- ments contradictoires de vie et de mort. ''La mort se mêle et confond partout à notre vie'', constate Montaigne.[1] Comment donc une telle évidence de la finitude peut-elle donner pré- texte à l'oubli volontaire de la confrontation prochaine avec l'au-delà. L'homme ''engagé'' souligne ici la nécessité de ce face à face avec l'inévitable. Engagé, sans doute l'est-il dans cet

---

[1] Toutes les références aux *Essais* de Montaigne viennent des *Oeuvres complètes 1 (Paris: Gallimard, 1962). Voir p. 1082.*

effort de réconciliation avec "la commune nécessité",[2] dans cette tentative d'affranchissement du moi mais avant tout homme, homme en quête de lui-même, ce qui explique peut-être la pensée mouvante, instable, perpétuellement agitée par des élans contradictoires. En s'efforçant de comprendre l'homme et aussi cette partie de lui-même qui fuit dans la distraction ce qui lui est si difficile d'oublier, il rétablit dans le premier tercet le rapport d'opposition entre vie et mort. La mort reprend aussitôt son masque d'horreur où l'on sent l'appréhension servile de l'inévitable, la hantise déraisonnée pour l'inconnu que l'homme imagine comme contraire [en] "vie" c'est à dire disparition des "douceurs" de l'état présent. La soudaine revalorisation de la mort dans la dernière strophe vient bouleverser la réflexion précédente sur l'inquiétante obsession de l'homme devant la finitude pour aboutir à l'étonnante déclaration:

> Mortels, chacun accuse, et j'excuse le tort
> Qu'on forge en vostre oubli . . . .

L'homme oublieux de ce qui le concerne profondément mérite bien l'oubli qui l'attend lorsqu'il mourra. L'homme n'est rien que cette pensée qui lui permettra de se connaître et de s'accepter tel qu'il est. A cela s'ajoute l'argument chrétien qui revalorise la mort, qui en souligne le caractère sacré à travers l'association "mort-souvenir" c'est à dire mort qui perpétue, qui immortalise en ouvrant la porte de la vie éternelle.

Ce sonnet précise aussitôt la nature du conflit du poète. Dans cette méditation sur la condition humaine, les entités à priori mutuellement exclusives vie-mort, corps-esprit deviennent désormais indissociables au point où l'une ne peut plus être envisagée comme "autre en soi", comme "différente" mais toujours comme l'envers de l'autre. Dans des élans contradictoires qui traduisent les attitudes les plus mitigées, le poète présente la mort comme le négatif du positif vie ou comme positif en fonction du négatif vie (matérielle) et du positif Vie (spirituelle), le corps comme négatif du positif esprit

---

[2] *Ibid.*, p. 1070.

et ainsi de suite. De toute évidence, la valorisation d'une de ces entités se fait toujours en fonction d'une dévalorisation de l'autre. Ainsi, dans le premier sonnet, la valorisation de la vie cause une dévalorisation de la mort ou encore une contre valorisation.

> Est-ce que votre vie adorant ses douceurs,
> Déteste des pensers de la mort les horreurs

Ailleurs, la relation est inversée. La valorisation de la mort est alors perçue comme une réaction, une contre valorisation en face de la négativité de la vie ou encore comme une réaction en face de la positivité de l'autre vie.

> Je me veux despestrer de ces fascheux destours,
> Il faut que je revole à ces plus beaux séjours,
> Ou séjourne des Temps l'entresuitte infinie.   (VI)

La valorisation ou la dévalorisation de la vie et de la mort dépendent de la perspective dans laquelle ces entités sont envisagées. De la lecture des *Sonnets de la Mort* se dégagent une variété de points de vue qui, tout en soulignant la nature complexe, instable, parfois même incohérente de la pensée, confèrent à l'oeuvre un caractère existentiel et reproduisent l'allure même de la quête. Trois courants de pensée se précisent dès le départ. La perspective humaine à résonances épicuriennes selon laquelle la vie est valorisée telle qu'elle, avec ses pour et ses contre, au détriment de la mort; la perspective de l'homme engagé selon laquelle la négativité de la vie ou plus précisément le mal-vivre est vivement dénoncé et enfin la perspective chrétienne selon laquelle la vie ici bas est dévalorisée en fonction de l'autre vie. Il conviendra à présent de retracer les mouvements de la pensée spondienne en analysant les divers aspects que revêtent la vie et la mort et les alternatives que le poète propose en réponse à son angoisse existentielle.

La positivité de la vie telle qu'elle est proclamée dans la perspective humaine se manifeste principalement à travers les champs sémantiques de la beauté et du dynamisme. Le deuxième sonnet abonde précisément en ce genre d'images qui visent à souligner le côté attrayant, irrésistible, agressif de la vie, "les voluptés" d'ici bas qui enlèvent à l'homme le désir de tout autre vie. Le choix de termes désignant un objet d'élection est des plus frappants: "fleurs", "beau flambeau", "Tableau", "flots", "esclairs", "neige", "torrens", "lyons" (II), "naissante aurore" (V). Le dynamisme, la puissante manifestation de la vie rendus par un langage plein d'énergie "tonnerre", "gronde", "rugissans" (II), par l'évocation de toutes les forces cosmiques "torrens", "flots", "tonnerre", "esclairs" et de la puissance animale "lyons" exercent leur pouvoir envoûtant sur l'homme qui se laisse volontiers emporter dans le tourbillon de ce monde ondoyant, dans "la mer" tumultueuse (II, IX), "les flots" puissants (II, V) prometteurs d'aventure, malgré les dangers qu'il doit affronter au cours du voyage. La vision reste toutefois lucide; l'homme n'ignore pas le revers de la médaille. L'harmonie naturelle lui a montré que la vie est fragile et vulnérable, que "les fleurs" sont "journalières", que "la flamme" est "fumeuse", que la "neige fond", que "les torrens tarissent", que "les esclairs passent" (II), que "ce traict qui s'eslance" si énergiquement vers le ciel bientôt "perdra sa violence" (VIII). L'expérience lui a appris que la trop puissante lumière bientôt deviendra force agressive, destructrice, que "les Soleils haleront les fleurs" (II), qu'une trop grande puissance ne peut être qu'hostile et se retourner contre elle-même. Alors, "la vie sentira ses fureurs", "les flots se rompront à la rive escumeuse", "l'huyle de ce Tableau ternira ses couleurs", "le beau flambeau esteindra ses ardeurs" (II). Tout autour de lui lui enseigne que ce dynamisme, cette vitalité se transforme à tout moment en actes de violence, violence rendue par des termes tels que "se rompre" (II, V), "esclattera", "gronde", "rage" (II), "guerre" (III). Il sait que la vie ici bas n'est que "bravade" à la mort, que tout n'est qu'ostentation, éclat qui "aveugle" l'homme, idée admirablement suggérée par les images de luminosité ("Soleils", "flambeau qui lance une flamme", "ardeurs", "clairs esclairs") qui trouvent leur écho dans les *Stances*.

Mes yeux, ne lancez plus vostre pointe esblouye
Sur les brillans rayons de la flammeuse vie.

L'homme n'ignore donc point la vulnérabilité, les limitations de la vie, les dures lois qui la gouvernent et c'est précisément à cause de ces aspects qu'il opte dans un élan épicurien ("Vivez, hommes, vivez") pour la vie, pour ces plaisirs certes de courte durée mais "voluptés présentes". Enfin, il comprend que "[là] est [son] être, [là] est [son] tout";[3] la vie, c'est ce qu'il a de plus précieux. Dans cette perspective, la mort se confond à la vie, elle n'est plus que le négatif qu'il faut bien prendre avec le positif car "moitié de la vie est moitié du décez" (V). On l'accepte à l'exemple de l'harmonie universelle, elle n'est qu' "une des pièces (. . .) de l'ordre de l'univers, c'est une pièce de la vie du monde".[4] Il serait pourtant inexact de dire que cette acceptation se fait aisément. Car, bien que l'homme sache que "le continuel ouvrage de [notre] vie, c'est bâtir la mort",[5] il regimbe contre l'idée de finitude, de négation, d'anéantissement de l'état présent. Par nature, "hommager à la vie", il se fait "félon à la mort". Là se pose précisément le dilemme de l'homme. Il sait qu'il va mourir mais ne peut se réconcilier avec ce qu'il sait inévitable. Sa hantise déraisonnée de la mort est toujours sur le point de l'assaillir, l'image du ver qui ronge est toujours prête à réapparaître, l'inquiétante obsession de la décomposition physique est là au plus profond de lui. Bien que beaucoup plus rare que chez Chassignet pour qui le réalisme funèbre, la décomposition charnelle sert de démystification de la mort et fait l'objet d'une leçon à l'homme,[6] l'horreur physique est particulièrement présente au sonnet IX. A la réaction naturelle de répulsion qu'à l'homme en général en face de la mort s'ajoute la réaction de l'homme de la Renaissance qui glorifie la beauté du corps humain, l'œuvre parfaite de Dieu.

Et quel bien de la Mort? où la vermine ronge
Tous ces nerfs, tous ces os? où l'Ame se départ
De ceste orde charongne, et se tient à l'escart

---

[3] *Ibid.*, p. 334.
[4] *Ibid.*, p. 91.
[5] *Ibid.*, p. 91.
[6] Voir par exemple dans *Le Mespris de la Vie et Consolation contre la Mort* les sonnets XVIII, CXXV, CCC.

Plus terrifiante que la décrépitude physique s'avère la séparation du corps et de l'âme, plus cruelle la disjonction qui aboutit à la mutilation du tout, au déliement des "noeuds si beaux" (XI). Car, dans la mort, l'homme perd sa propre intégralité, le fabuleux équilibre fondé sur la complicité du corps et de l'âme qui s'unissent dans la réciprocité. Entrave à l'unité parfaite, destruction du chef d'oeuvre de Dieu, la mort apparaît désormais élément discordant dans la logique du grand Tout, dans l'harmonie universelle, dans l'heureuse sérénité de la création.

> A quoy ceste Ame, hélas! et ce corps désunis?
> Du commerce du monde hors du monde bannis?
> A quoy ces noeuds si beaux que le Trespas deslie?

Aux notions de fragmentation, de division ("désunis", "deslie") viennent s'ajouter celles de dispersion, d'exclusion ("hors du monde bannis"), notions également présentes dans le septième sonnet où l'harmonie originelle entre esprit et sens se trouve rompue à la suite de "contraires envies".

> Voilà comme la vie à l'abandon s'espard:
> Chasque part de ce Monde en emporte sa part,
> Et la moindre à la fin est celle de nous mesme

Dans son besoin de compréhension de l'absurde, le poète a recours encore une fois à l'argument chrétien. Le terme "bannis" (XI) qui fait de la mort une condamnation, l'expiation de celui qui a failli, le châtiment mérité, symbole de la chute et de la disgrâce apparaît comme une nouvelle tentative de justifier la mort. La référence aux prophètes à la fin du poème, tout en suggérant le rachat de la chair après la mort, la résurrection du corps trahit l'obsession physique, le désir de retrouver l'équilibre originel, la réconciliation bienheureuse du tout.

Bien qu'il ait mille fois expérimenté la mort et le renouvellement de la vie à travers les métamorphoses de la nature, l'homme se rebelle donc toujours avec le même empressement contre la soudaineté déconcertante des changements de la vie. Il est toujours trop tôt pour quitter ce monde.

> Tout le monde se plaint de la cruelle envie
> Que la Nature porte aux longueurs de nos jours (VI)

L'incertitude, l'imprévisibilité de cette mort qui le guette à tout moment,

> Une heure vous attend, un moment vous espie,
> Bourreaux desnaturez de vostre propre vie (V)

les formes inconnues du mourir sont autant de nouvelles sources de tourments.

> Vous serez le butin des escueils et des flots (V)

Sponde s'attache toutefois peu à leur évocation. Pour lui, la mort est avant tout non être, "ravissement", "prise" de l'état présent.

> Vous qui ramoncelez vos trésors, des trésors
> De ceux dont par la mort, la vie fust ravie (I)

Pour traduire ce négatif du positif, cet état qui a tout à désirer de l'autre, le poète exploite le champ sémantique du désir, de la convoitise.

> Ces Sceptres enviez, ces Trésors débattus
> . . . . . .
> Sont de l'avare mort le débat et l'envie

Cependant, comme il a été précisé plus haut, la mort n'est jamais chez lui, comme chez Ronsard sur ses vieux jours ou comme chez Chassignet,[7] prétexte aux images obsessionnelles de la chair corrompue, du squelette repoussant qui s'imposaient alors en architecture et dans les arts picturaux. Certes, elle est là au même titre que la vie et sa présence est vivement ressentie mais c'est une présence que l'on constate, rappelle et que l'on refuse d'imaginer en détail. Pour être maîtrisée par la raison humaine, la mort doit rester abstraction, concept, idée. Ainsi, par la simple constatation de la mort, par sa réduction à un simple fait de vie (fin naturelle collaborant au perpétuel renouvellement de la vie, finitude inévitable), le poète réussit à

---

[7] Les sonnets LIII et CXXV de Chassignet sont à rapprocher de Ronsard, Les Derniers Vers, "Je n'ai plus que les os . . .;" Voir à ce sujet l'article de Wolsgang Leiner "Ronsard et Chassignet devant le spectacle de la mort: Etude comparative de deux sonnets", *Kentucky Romance Quarterly* 22, No. 4, 1975, pp. 491–515.

la dévaloriser, à la dépouiller de son masque d'horreur et de crainte. L'écriture consacre donc le triomphe de l'entreprise de démystification et marque une première tentative de dépasser les irréconciliables, un premier effort vers l'acceptation psychique.

L'homme engagé est par définition celui qui assume sa vie ici bas par l'action. "Nous sommes nés pour agir", affirme Montaigne.[8] Comment donc l'homme emploie-t-il cette liberté d'action? Que fait-il de ce bref séjour sur terre? De toutes parts, Sponde est forcé de voir le "mal être", le "mal agir" qui éveille chez lui une sorte de révolte, révolte qui le pousse à parler, à accuser. Conscient de l'essence divisée de l'homme et de sa prédestination à cette condition déchue, il ne le blâme pas totalement; il n'entend donc pas lui faire la leçon pour des fautes dont il n'est pas entièrement coupable. Mais il déplore l'aveuglement et l'hypocrisie de ceux qui ne veulent pas se regarder en face. Par ses attaques, il veut rendre l'homme lucide et assez honnête pour se voir tel qu'il est.

Dénonçant le mal vivre, Sponde dresse un véritable inventaire des passions qui condamnent l'homme à la servitude: "les coeurs ambitieux", "les fières vertus" (III), "les désirs orgueilleux" (V), "le corps qui . . . en ses grandeurs se plonge" (XI) n'amènent que "mal dessus mal" (X) et font du séjour ici bas une "vie de peine" (V) d'où le repos est exclu. Les termes "présomption", "orgueil", "vanité", "ostentation" "outrecuidance" s'imposent avec force dans les *Sonnets de la Mort*. Ils s'inscrivent dans les lignées sémiques de l'ambition, de la convoitise, de l'excès, de la démesure. Les désirs immodérés de l'homme sont rendus en termes de hauteur par des images suggérant un point ou un statut élevé: "amas" ("amonceler"), "monts", "cimes hautaines" (III), "sceptres", "throsnes" (IV), "sommets hautains" (VIII). L'immodération atteint son paroxysme avec le mot "ciel" (IX) dont les connotations (infini, éternité, immortalité, Dieu) soulignent la présomption de l'homme qui tente de se mesurer au non-mesurable.

---

[8] *Essais, op. cit.*, p. 87.

> . . . et ces entrepreneurs
> De vaincre encor le Ciel qu'ils ne peuvent combattre

Deux autres lignées thématiques viennent compléter ce portrait peu flatteur de l'homme; la première évolue autour de l'idée de surestimation d'autrui, soumission, intentionnalité. Les termes "idolatre", "implorer", "flatter", "carresser", "se jeter au pieds", "baiser", "adorer", tout en dénonçant une fois de plus la servitude de la condition humaine, semblent renvoyer à l'argument chrétien qui condamne sévèrement l'amour démesuré pour la créature humaine, cette dévotion que l'homme doit seul à son créateur. Asservi à ses passions, l'homme doit s'en remettre aux caprices de la fortune qui se joue impunément de lui.

> . . . c'est ceste outrecuidance
> Que ces Monstres de Terre allaittent de leur sein,
> Qui baise ores des monts le sommet plus haultain,
> Ores sur les rochers de ces vallons s'offence. (VIII)

Le deuxième champ sémantique particulièrement exploité, celui de la flatterie, du déguisement au centre duquel s'élève l'image du visage d'emprunt selon l'idéologie biblique,[9] "ces âmes d'Ebène, et ces faces d'Albastre" (IX), soulève la question des rapports humains. Développant le thème du déguisement, Sponde amorce des réflexions originales sur l'absurdité de nos actions ici-bas, "actions" qui sont en réalité pur divertissement, jeu, "passetemps" (VI); langage de la comédie, "masques desguisez", "troupe folastre", "s'amuse" (IX), qui sera repris aussi bien par Montaigne que par Pascal.

Dans ce combat pour la lucidité et la vérité, l'ironie tournée contre le poète lui-même s'avère l'arme favorite.[10] Dans le troisième sonnet, la confrontation de termes aussi éloignés que "Géants" et "vermisseaux" rend efficacement l'immodération de l'homme et la disparité entre l'être et le paraître. Ailleurs, la révolte du poète devant l'orgueilleuse volonté de

---

[9] Mathieu, 23, vs. 27–28.
[10] Sur l'ironie de Sponde est à mentionner l'étude de Mario Richter, *Sponde e la lingua poetica dei Protestanti nel Cinquecento* (Milano: Cisalpino la Goliardica, 1973), pp. 227–229.

l'homme s'affirme dans un langage aux accents pascaliens: "bourreaux desnaturez" (V), "entrepreneurs" (IX), "monstres de Terre" (VIII). Malgré son aspect didactique, l'entreprise de dévalorisation des actions humaines est avant tout pour le poète un moyen d'éveiller sa propre conscience, une sorte de thérapie personnelle pour parvenir au "bien-vivre". Mais quel est ce "bien-vivre"? Alors que la majeure partie des *Sonnets de la Mort* est consacrée à l'évocation du "mal-vivre", nous donne-t-on jamais de véritable recette pour ce "bien-vivre", pourtant constamment impliqué dans la condamnation des actions humaines? Cette dénonciation ravive d'ailleurs l'angoisse existentielle, accuse plus que jamais les regrettables implications de la vie comme l'indiquent les nombreux éléments puisés dans le champ sémantique temporel: "pantelle" (IV), "fuite", "course" (IV), "jours. . .passez" (V), "moitié de la vie est moitié du décez" (V), "heure", "moment" (V), (VI), "longueurs de nos jours" (VI). La pensée décrit un mouvement oscillatoire qui fait intervenir à la fin de chaque faiblesse dénoncée un nouveau rappel de la finitude.

> Ces désirs orgueilleux pesle mesle entassez,
> Ce coeur outrecuidé que vostre bras implore,
> Cest indomptable bras que vostre coeur adore,
> La Mort les met en geine, et leur fait le procez (V)

Ainsi, aux images consacrées à la vie orgueilleuse qui méprise le mourir correspondent les images révélatrices de la fragilité, de l'évanescence de ce monde.

> Ce beau flambeau qui lance. . .une flamme fumeuse (II)
> Un rocher bien solide et bien fort. . .un vaisseau de verre(III)
> Vous amoncelez les beaux amas. . .de poudre (III)
> Le trait qui si roide s'eslance. . .le trait empenné
>   ta vie de Plume
>   le monde de Vent   (VIII)

La pensée de Sponde prend ici une direction opposée à celle de Chassignet; Sponde ne préconise pas le mépris de la vie; il constate amèrement l'absurdité du "mal-vivre" dans les limites temporelles qui sont imposées à l'homme.[11] En fait, il s'agit

---

[11] Il se rapprocherait plutôt de cette pensée de Montaigne, *op. cit.*, p.

d'un cercle vicieux car, désireux d'oublier sa mort prochaine, l'homme "s'aveugle" (VII) en se précipitant dans de futiles divertissements alors qu'il devrait reconnaître la menace qui le guette pour mieux employer le temps qui lui est généreusement accordé par "cest Autheur de Vie". L'oubli, annoncé dès le premier sonnet, est donc la principale source du mal.

Ha! que j'en voy bien peu songer à ceste mort (III)

Misant sur la perfectibilité de l'homme, Sponde lui propose la réflexion lucide qui lui permettra d'"apprivoiser" l'inévitable, de reconnaître ses limitations, le libèrera de ses passions pour le conduire au "savoir mourir", à cet esprit de juste mesure qu'est le "bien vivre".

Selon l'argumentation chrétienne, la vie terrestre est synonyme de tentation, de péché, de corruption. Tout ici bas entraîne l'homme sur le chemin de la perdition.

Tout s'enfle contre moy, tout m'assaut, tout me tente   (XII)

La chair "des vanitez de ce Monde pipée" est entrave à l'esprit qui "pour mieux vivre en souhaite la mort" (*Stances*). L'imagerie aquatique, à présent chargée de valences négatives, suggère la matière impure, l'ennemi de l'esprit, "la charnelle ruse", les séductions mondaines qui laissent l'homme sans répit: "les eaux de mon plaisir" (VII) qui fait écho à "la chair qui n'est qu'eau" (*Stances*), "l'onde" (XII), "la mer" (IX).[12] La vie ici bas, "importun martyre" (VII), est semblable à l'état de mort:

C'est mourir que de vivre en ceste peine extresme   (VII)

Sacrifice pour le chrétien dont l'idéal exige le renoncement au

---

1092: "A mesure que la possession du vivre est plus courte, il me la faut rendre plus profonde et plus pleine."

[12] Sponde se distingue là des poètes baroques qui exploitent l'imagerie aquatique pour exprimer l'instabilité, la transitivité de la vie. Voir par exemple Chassignet, *Le Mespris de la Vie*, V, LIII, LIX, Favre, *Centurie*, dernier sonnet; Chandieu, *Octonnaires*, 4, 5, 19, 25; Gombauld, *Poèmes chrestiens*, XXIII. Chez eux, mobilité, fluidité prennent la valeur négative de transitivité. Chez Sponde, l'image aquatique est plus souvent chargée des notions d'aventure, de dangers, d'inconnu qui "piquent" la curiosité de l'homme. Peut-être est-ce précisément pour cela que l'eau est si intimement liée à la chair tentatrice.

bonheur terrestre, elle est aussi contradiction, déchirement pour l'homme partagé entre le désir du bien et l'inclination au mal. La mort qui met fin à cette vie de peine et de désagrément est donc accueillie comme salut, délivrance des attaches terrestres, accès au bonheur éternel. Sous cette optique, la notion de temporalité qui implique celle de transitivité, de passage se trouve revalorisée. Sponde puise une fois de plus abondamment au lexique temporel pour décrire la vie terrestre qui prend soit la forme d'un parcours limité, d'un voyage, d'une étape vers le but attendu, soit celle d'un point mais d' "un poinct arresté" (VIII), soit celle plus originale de la "rive" (II) dont les sèmes centraux aboutissement (limitation, extrémité), transitivité (étape initiale, ouverture sur) reproduisent admirablement la conception chrétienne de la vie. L'expression "course à la mort" (IV) qui traduit plus explicitement l'idée de destination tout en suggérant la notion de fuite, de brièveté s'inscrit dans la perspective humaine et vient s'opposer à ces vers aux fortes résonances chrétiennes.

> Ce n'en est pas pourtant le sentier raccourcy   (IX)

> Mais quoy? je n'entens point quelqu'un de vous qui die:
> Je me veux despestrer de ces fascheux destours   (VI)

Le chrétien déplore en effet la lenteur de cette "vie imparfaicte qui languit sur la terre", "meurt dans le tombeau du Corps" (I) et retarde l'accès à la vraie vie. Sa foi est fondée sur cette connaissance du vivre comme "fanal" qui le conduit plus sûrement au port, comme aboutissement à la "plaisante mort qui le pousse à la Vie" (*Stances*). Avec impatience, il attend donc la mort purificatrice et salvatrice, mort qui lui promet les biens souhaités. Cette attente de la mort n'est certes pas une invitation à l'auto-destruction[13] mais simple aspiration à la vie

---

[13] Contrairement à Montaigne (*Essais*, II, 3), Sponde n'envisage pas le cas de la mort volontaire, bien que ce passage des *Stances de la Mort* amorce peut-être le problème sans vraiment proposer de réponse:

Je m'ennuye de vivre, et mes tendres années,
Gémissant sous le faix de bien peu de journées,
Me trouvent au milieu de ma course cassé:
Si n'est-ce pas du tout par défaut de courage,

purifiée, renouvelée, à la vie "qui ne craint plus d'estre encor ravie" (*Stances*).

Si la possibilité de l'autre vie existe pour justifier la mort, on s'aperçoit néanmoins qu'elle est bien vite abandonnée pour l'idée de temporalité, d'anéantissement de l'être. Sponde envisage presque toujours la mort sous l'angle temporel c'est à dire la mort en tant que fin de l'existence humaine, écartant ainsi la notion d'infini divin. Lorsque le monde divin, l'au-delà est pris en considération, il demeure toutefois à l'échelle humaine. Toujours défini en fonction de l'aspect temporel, comme moyen d'accéder à la vie éternellement continuée, l'audelà se trouve dépouillé des attributs traditionnels chrétiens de rachat, salut, purification, perdant ainsi de sa dimension transcendante. Du même coup, le divin s'inscrit au registre de la vie, comme le positif du négatif ou comme, s'il était possible de le dire, l'éternel du temporel. En fait, il s'impose comme pure abolition du temps.

> Apprens mesme du Temps, que tu cherches d'estendre,
> Qui coule, qui se perd, et ne te peut attendre,
> Tout se haste, se perd, et coule avec ce Temps:
> Où trouveras-tu donc quelque longue durée?
> Ailleurs. . . .

Ainsi, "l'entresuitte infinie des temps" ne prend sa valeur positive qu'au contact, qu' "*au prix* des longueurs de nos jours" (VI). A travers les images de luminosité, le divin est encore une fois ressenti comme réaction au terrestre, c'est à dire comme contre valorisation. C'est l'effet obtenu au sonnet VI dans lequel le poète peint l'éblouissement de la lumière divine, les "plus vives lumières" qui enténèbrent la lumière temporelle:[14]

Mais je prens, comme un port à la fin de l'orage,
Desdain de l'advenir pour l'horreur du passé.

[14] Cet exemple est à rapprocher de ces vers des *Stances de la Mort* où, dans un élan d'affirmation de la vie, les valeurs se trouvent renversées, la temporalité toujours traduite en termes d'obscurité, s'étend sur la lumière divine et en étouffe la clarté.

Mais je sens dedans moy quelque chose qui gronde,

> Beaux séjours, loin de l'oeil, près de l'entendement,
> Au prix de qui ce Temps ne monte qu'un moment,
> Au prix de qui le jour est un ombrage sombre

Toujours ressenti en fonction des choses terrestres, le divin n'est donc jamais "différent", "autre en soi" mais l'envers de ce que l'homme connaît.[15] Ce n'est que sous ce rapport qu'il peut être maîtrisé par l'entendement humain.

> Tu voys je ne sçay quoy de plaisant et aimable,
> Mais le dessus du Ciel est bien plus estimable,
> Et de plaisans amours, et d'aimables plaisirs.
>
> Ces Amours, ces Plaisirs, dont les troupes des Anges
> Carressent du grand Dieu les merveilles estranges
> Aux accords rapportez de leurs diverses voix,
> Sont bien d'autres plaisirs, amours d'autre Nature
> (*Stances*)

Le divin demeure ainsi toujours au niveau du désir ("Beaux séjours. . .vous estes mon désir", VI), désir parmi tant d'autres dans ce cri affamé qu'est le corps.

> Cest air tousjours m'anime, et le désir m'attire,
> Je recerche à monceaux les plaisirs à choisir   (VII)

Par opposition aux "voluptés présentes", ce désir s'avère toutefois lointain et sa réalisation pleine d'incertitude.

> La Chair sent le doux fruit des voluptez présentes,
> L'Esprit ne semble avoir qu'un espoir des absentes.
> Et le fruit pour l'espoir ne se doit point changer
> (*Stances*)

La résolution du poète de vaincre "la charnelle ruse" pour accéder au monde divin est marquée de la même incertitude; résolution qui, bien qu'affirmée avec force dans la dernière strophe du douzième sonnet reste désir, volonté comme le

---

Qui fait contre le Ciel le partisan du Monde,
Qui noircist ces clartez d'un ombrage touffu.

[15] De même, Dieu ne peut être accessible à l'entendement humain qu'à travers des caractéristiques humaines; cf. sonnet XII, "Ton temple, ta main, ta voix" et dans les *Stances*, "Que si la voix de Dieu te frappe les oreilles" et "Tu m'estendras ta main, mon Dieu, pour me guérir."

montre le futur, exclusif à cette strophe, exprimant un souhait non encore réalisé, par opposition au présent de certitude employé dans la première strophe.

> Mais ton Temple pourtant, ta main, ta voix sera
> La nef, l'appuy, l'oreille, où ce charme perdra,
> Où mourra cest effort, où se perdra ceste onde.

Dans un élan de foi, Sponde tente d'accepter la conception chrétienne de la mort et les consolations qu'elle procure. Mais "partisan du Monde", il y a toujours en lui "quelque chose qui gronde" et le pousse à se rebeller contre cette finitude que tout chrétien devrait accepter comme volonté de Dieu, comme nécessité pour accéder au "vray bien". La perspective chrétienne se trouve alors, sinon niée, du moins fortement relativée. Dans le dernier tercet du onzième sonnet, la soudaine justification du mourir qui vient bouleverser la réflexion précédente sur la remise en question de la mort, obstacle à l'harmonie du tout, châtiment non mérité, est si faiblement esquissée qu'elle ne réussit point à convaincre.

> Pour vivre au Ciel il faut mourir plustost icy:
> Ce n'en est pas pourtant le sentier raccourcy,
> Mais quoy? nous n'avons plus ny d'Hénoc, ny d'Elie.

Dans ce processus d'anéantissement de la perspective chrétienne s'inscrit cet autre passage tiré des *Stances* qui reprend l'argumentation du onzième sonnet:

> Et puis si c'est ta main qui façonna le Monde,
> Dont la riche Beauté à ta Beauté responde,
> La Chair croit que le Tout pour elle fust parfait.
> Tout fust parfait pour elle, et elle davantage
> Se vante d'estre, ô Dieu, de tes mains un ouvrage,
> Hé! défairois-tu donc ce que tes mains ont fait?

Puisque de toutes parts il y a tout à perdre, puisque tous les points de vue aboutissent à la même constatation "Mais si faut-il mourir", pourquoi ne pas miser le tout sur la vie "Vivez, hommes, vivez". La réflexion lucide n'a point mis fin à l'angoisse existentielle de l'homme sur terre mais elle lui a donné la faculté de se connaître, de réaliser sa nature et sa place ici bas et elle lui a montré que tout ce qu'il a en ce monde, c'est la vie, ce don précieux de Dieu. Par la leçon de l'esprit, l'homme pourra alors apprendre à s'accepter tel qu'il est, à dépasser ses limitations, se rapprochant ainsi de son rêve le plus cher: "Apprens moy de bien vivre, afin de bien mourir". Peut-être alors pourra-t-il retrouver l'harmonie originelle entre le corps et l'âme et définir l'attitude qui lui permettra de réconcilier le terrestre et le divin. Les *Stances de la Mort* et les sonnets VII et XII rapportent les tentatives répétées du poète pour atteindre le moment d'allégresse où corps et esprit se fondront pour ne former plus qu'un seul être. Au déchirement du poète seule une alternative se propose:[16]

> Laisse dormir ce corps, mon Ame, et quant à toy
> Veille, veille et te tiens alerte à tout effroy   (X)

Cet état où corps et âme s'unissent dans la merveilleuse réciprocité trouve sa plus concrète expression dans cette image du corps sommeillant et de l'âme en éveil où "chaque élément confère son être à l'autre".[17] Le concept même de mort s'y trouve, sinon anéanti, du moins fortement atténué dans la mesure où le cycle du sommeil et du réveil exclut la notion d'un arrêt définitif de la vie.

> (Mon Esprit), je te sens bien esmeu de quelque inquiétude,
> Quand tu viens à songer à ceste servitude,
> Mais ce songe s'estouffe au sommeil de ce corps:
> Que si la voix de Dieu te frappe les oreilles,
> De ce profond sommeil soudain tu te resveilles:
> Mais quand elle a passé, soudain tu t'endors.

Dans cet autre exemple tiré des *Stances*, ne voit-on pas encore une fois le cycle éternel de la vie dont chaque naissance

---

[16] Aux moments les plus difficiles, le poète déchiré s'en remet à la seule volonté de Dieu; cf. sonnet XII et *les Stances*.

> Mais, mon Dieu, pren party de ces partis toymesme,
> Et je me rengeray du party le plus fort
> Sans ton aide, mon Dieu, ceste chair orgueilleuse
> Rendra de ce combat l'issue périlleuse
> Vien donc, et mets la main, mon Dieu, dedans ce trouble

[17] L'expression vient de Georges Poulet, *Etudes sur le temps humain*, III (Paris: Plon, 1964), p. 149.

(chaque réveil) et chaque mort (chaque sommeil), éléments contrastifs et réciproques à la fois, s'unissent pour former l'oeuvre parfaite, infiniment répétée.

Il convient à présent de retracer le parcours méditatif, de replacer chaque point de vue dans une perspective d'ensemble de façon à définir l'évolution de la pensée spondienne.[18] Le premier sonnet sert de point de départ; toutes les cartes y sont posées, les solutions les plus diverses au problème de la mort s'y succèdent dans une rapidité vertigineuse. Pourtant, le savoir-mourir engage le poète, dès le deuxième sonnet, à miser pour la vie. Dans les trois poèmes suivants, la dénonciation du mal-vivre fait d'autant plus ressentir l'appel de la "commune nécessité". Le sixième sonnet envisage l'argument chrétien comme solution à la finitude; solution satisfaisante puisque le divin s'impose comme abolition du temps. Dans ce regard vers l'éternel on lit toutefois une nouvelle affirmation de la vie et un refus de la condition de "créature menacée". Dans le septième sonnet, les vérités se heurtent, celle du corps comme celle de l'esprit, les points de vue s'entrechoquent, l'argument chrétien directement en conflit avec la perplexité de l'homme qui ne peut se résoudre à l'absurde. De ces pensées divergentes pourtant la même voix s'élève rappelant impitoyablement la fin inévitable. De la lutte acharnée entre le corps et l'esprit ressort l'être déchiré, désuni, fragmenté. Le huitième sonnet reprend les réflexions amorcées plus tôt sur le mal-vivre, réflexions d'ailleurs poursuivies dans le poème suivant auxquelles s'ajoute alors le rappel de l'aspect temporel de la vie, aussitôt contrebalancé par l'argument chrétien. Comme solution à cette angoisse qui se fait sentir de plus belle, le poète envisage la fabuleuse réconciliation du corps et de l'âme, du terrestre et du divin; équilibre rêvé qui n'est qu'une autre façon d'évincer le problème de la mort. Mais le répit est de courte durée; voilà la vision effroyable qui réapparaît mais cette fois

---

[18] Sur le cheminement de la pensée, voir l'étude de M. Richter dans *Jean de Sponde e la lingua poetica dei Protestanti nel Cinquecento, op. cit.*, pp. 203–226 et celle de J. Claude Carron, "Jean de Sponde: 'Et quel bien de la Mort?'" dans *FS*, XXXI, No. 2., April, 1977, pp. 129–137.

avec plus de force, elle s'impose sous son aspect le plus repoussant et pousse l'homme à se révolter au point où il en arrive à remettre en question la justification chrétienne qui réussit à apaiser momentanément la créature qui se sait menacée (XI). Enfin, le dernier sonnet fait écho au septième, reproduisant le déséquilibre de celui qui s'efforce d'accepter la justification chrétienne (le divin) mais qui sent plus que jamais l'emprise du terrestre pousser sa raison à résister. Bien que la dernière strophe laisse entrevoir un certain apaisement, le lecteur sait à présent qu'il ne s'agit que d'une paix temporaire.

Dans cette pensée d'une mobilité effarante où les perspectives diverses, les "contraires envies" s'affrontent dans un combat sans issue, l'on ne sent point la maturité d'un Montaigne ou même la certitude d'un Chassignet. Sponde ne parvient jamais à la "sage ignorance" du premier ni au choix résolu du second pour la mort. A travers cette écriture qui ne cesse de se redéfinir s'élève le cri effaré de l'homme que le grand livre de la nature, les doctrines chrétiennes ont laissé sans réponse en face de l'absurde. Que lui reste-t-il à ce "Mortel", laissé là seul avec cette vie, avec ce temps qui fuit désespérément entre ses doigts ("cette onde"). . .rien sinon . . .sa vie, sa pensée et sa plume qui mettront à défi l'absurde, qui "braveront" la mort, réalisant le rêve irréalisable de l'éternel. En fixant à jamais l'angoisse de l'homme du seizième iècle, l'écriture torturée transmettra à travers les siècles l'éternel conflit de l'homme ici bas.

Chapitre VI

Jean-Baptiste Chassignet:
Le Mespris de la Vie
et Consolation contre la Mort

> Dire qu'il ne sait pas ce qu'il est, où il est, ce
> qui se passe. C'est trop peu dire. Ce qu'il
> ignore, c'est qu'il y ait quelque chose à savoir.
> Ses sens ne lui apprennent rien, ni sur lui, ni
> sur le reste, et cette distinction lui est étran-
> gère.   Samuel Beckett, *L'Innommable*

On ne prétend point ici fournir une analyse exhaustive du *Mespris* de Jean-Baptiste Chassignet. Depuis la publication d'un choix de poèmes par Armand Muller (Genève: Droz, 1953) et la plus récente édition critique de Hans-Joachim Lope (Genève: Droz, 1967), plusieurs enrichissantes études ont été proposées, reconnaissant cette oeuvre à sa juste valeur et lui rendant la place qu'elle méritait dans la poésie française.[1] En suivant les lignes directrices du chapitre précédent, à savoir par le biais d'une analyse sémantico-thématique, on se borne- ra à souligner les ressemblances et divergences avec l'oeuvre

---

[1] A. Muller, *Un Poète du seizième siècle: Jean Baptiste Chassignet* (Paris, 1951); E. Dubruck, *The Theme of Death in French Poetry of the Middle Ages and the Renaissance* (London, The Hague, Paris: Mouton, 1964), pp. 132–141; R. Ortali, *Un Poète de la Mort, Jean Baptiste Chassignet* (Genève: Droz, 1968); l'auteur fournit d'ailleurs une excellente bibliographie sur Chassignet; J. Sacré, *Un Sang maniériste: Analyse structurale autour du mot sang* (Neuchâtel: La Baconnière, 1977), pp. 111–133.

spondienne, ce qui nous permettra de distinguer le discours méditatif des deux poètes.

On commencera par quelques observations sur le sonnet liminaire qui détermine le ton même du recueil. Le poète ne s'adresse point ici au "Mortel", à la créature menacée qui a besoin d'être comprise et rassurée. Il ne s'agit pas plus d'un journal intime où seraient confessés doutes et conflits personnels. Le caractère didactique de l'oeuvre perce comme malgré lui dans l'apostrophe au "favorable lecteur."[2] Chassignet "tâte" immédiatement son public et, anticipant sa critique,[3] il se voit dans l'obligation de le mettre en garde contre une attente qui s'avèrera vaine: "pensant te resjouir"; alors que la "vie première" du poète révélait un homme "tant amoureus", "tant adonné au monde", c'est un Chassignet fort différent qui s'adresse à présent à lui, un homme que "le remord langoureus...bourrelle et martire" et qui "au monde se fache". Dès le premier sonnet, Chassignet définit le thème de ces "funèbres vers", de ces "Sonnets douloureus" et pose les lignes directrices de son recueil. Contrairement au recueil spondien qui, envisageant les solutions les plus diverses au problème existentiel, laissait paraître dès l'ouverture la plus grande incertitude, l'ouvrage poétique de Chassignet annonce dès le départ que le jeu est joué, que les résolutions sont prises. Ici point de conflit, point d'issue douteuse, le poète se porte garant de sa conviction à ce public qu'il compte bien convaincre. Une seule perspective va donc dominer ce long ouvrage, souvent répétitif, la perspective chrétienne mêlée parfois de résonances stoïciennes dans laquelle la mort est con-

---

[2] Toutes les références au *Mespris* viennent de l'édition de A. Muller, *op. cit.*

[3] Comme il apparaît dans ce "Sonnet à Dieu tout puissant," *Mespris*, p. 398:

J'achève icy, bon Dieu, las! mais la Calomnie
Ici n'achève point de blesser mes escris;
Tousjours, elle me presse et de cous et de cris
Et le pris à ma peine injustement dénie.

L'un flétrit mon renom de sale ignominie
Et me mord sans raison, l'autre, moins enaigris,
Ignare, va blamant le sujet que j'ay pris.
Mais jusqu'à quant sera leur malice impunie?

tre-valorisée en face de la négativité de la vie. Chassignet développe ainsi un seul aspect de l'oeuvre de Sponde, la perspective chrétienne bien souvent mise en doute, comme il apparaît dans la prolifération des structures interrogatives, par ce dernier. L'exposition de ce point de vue se fait par étapes successives. Il s'agit d'abord de démystifier la vie c'est à dire de dépouiller le contenu sémantique de "vie" de tout attribut positif; alors s'ensuit une démystification de la mort qui consiste à annuler toute valeur négative du terme "mort". Après avoir ainsi fait table rase des attributs traditionnels associés aux entités constrastives vie-mort, le poète propose une espèce de plan de reconstruction où la mort, avec laquelle l'homme est désormais réconcilié est envisagée sous l'angle de la lucidité puis considérée sous une perspective chrétienne.

Dès la lecture du titre, il est possible de déterminer une isotopie englobante, l'isotopie "Existence" qui sert de cadre à deux isotopies secondaires "Vie" et "Mort". Les partenaires de ces termes contradictoires nous autorisent à introduire l'articulation négativité-positivité, négativité étant indiscutablement associée à "vie" ("mespris") et, semblerait-il, positivité à "mort". Les lexèmes "consolation" et "contre" impliquent toutefois non une positivité totale mais une revalorisation ou du moins une contre-valorisation par rapport à un élément négatif, "vie" mais aussi "mort", habituellement négatif. Les messages définissant le contenu sémantique de "vie" expliciteront donc seuls les sèmes négatifs de ce lexème. Ainsi, "altérité" qui chez Sponde exprimait aussi le côté dynamique de la vie, transporte ici la charge négative de transitivité, instabilité; comme chez de nombreux poètes baroques, cette notion est rendue par l'imagerie aquatique: "ondoyante rivière. . .flots sur flots roulant", "eau qui change tous les jours" (V). Le sème "altérité" qui perd ici toute valeur d'inconnu attrayant[4] se confond souvent avec le sème "similarité-identité" qui traduit la monotonie de la vie et exprime un sentiment de lassitude, d'ennui.

---

[4] Comparé à ces vers de Sponde:
Ha! que j'en voy bien peu songer à ceste mort
Et si chacun la cerche aux dangers de la guerre!
Tantost dessus la Mer, tantost dessus la Terre   (III)

Passer d'un age à l'autre, est s'en aller au change
. . . . .

Nostre vie est semblable à la mer vagabonde,
Ou le flot suit le flot, et l'onde pousse l'onde   (LIII)

Ce sont tousjours les mesmes cours de vents
Tousjours les mesmes flots qui se vont élevans,
Tousjours la mesme mer qui me trouble et moleste   (LIX)

Un seul jour pour tout voir est suffisant tousjours
Le moindre jour de l'an égale à tous les jours,
Et tousjours mesme nuit la lumière seconde
. . . . .
C'est tousjours à refaire et à recommencer   (CXXXVIII)

Parfois les notions d'altérité et d'extrémité se fondent dans la réciprocité.

Ce qui semble périr se change seulement
L'esté est-il passé? l'an suivant le rameine.
Voit-on noircir la nuit? la lumière prochaine
Redore incontinant l'azur du firmament
. . . . .
Tout remonte à son tour, et tombe incessamment   (VI)

Le sème "extrémité", incorporé dans le sème plus général "temporalité" s'impose avec force. Cette notion est d'ailleurs rendue par un vocabulaire dynamique fait de verbes d'action qui traduisent efficacement ce phénomène incontrôlable qu'est notre course précipitée vers la mort.[5]

Nous courons du présent vers le tems à venir   (LXV)
[Tout] courra en tout tems à sa mort destinée   (LXXXVII)
La mer vagabonde. . .nous jette au monument   (LXXXVII)
Nos jours roulent d'un viste cours   (CCLIV)

Le sème "extrémité" reprend pourtant une certaine valeur positive lorsqu'il renferme la notion d'intentionnalité, de détermination; n'appartenant plus à un système incohérent, inaccessible à la raison humaine, la notion d'extrémité se transforme alors en aboutissement, destination.

---

[5] Voir aussi les sonnets IX et XLIV qui sont à rapprocher de ce vers de Sponde: "Et moitié de la vie est moitié du décez" (V).

Telle est la loys de Dieu de tout peuple receue,
Que toute voye aura une certaine issue   (IV)

Après un long voyage on [n']anchre dans le port   (XI)
Le navire est basti pour naviguer au port   (CCLXIV)

La notion plus générale de temporalité est souvent traduite en termes de divisions temporelles, heures du jour, saisons, étapes de la vie (VI, XCV, CXCIV) ou par des images où le sème "extrémité" est implicité: "lampe enfumée" associée à "flambeau vital" (XL), "stérile fleur" (LIII),[6] "la rouille au fer", "la pourriture au bois" (LXXXVII), "la bouteille molle", le tourbillon rouant de fumière à flos gris" (XCVIII), "l'espais nuage" (CCLVI), images qui, dénonçant la vulnérabilité, la fragilité de la vie en laissent prévoir la fin prochaine. La notion d'instabilité est en général exprimée par le sentiment physique de déséquilibre, de perdre pied; la vie est alors vue comme un "lieu glissant" où l'homme "ne se peut tenir seur" (CLIX), les choses de ce monde comme "les flots de la mer branlant sans asseurance" (CCCXLVI), les jours comme "bransl[ant], pendus à un filet variable et fragile" (CCV).

Si le sème "temporalité" est, à la manière de Sponde, fortement exploité pour éveiller en l'homme la conscience de sa fin prochaine, il reste de second ordre lorsque comparé au sème "danger" explicité aussi bien à travers des images géographiques "chemin tortueus de ronce entretissu" (CCXLII), "sentier ord, pierreus et vilain" (CCCII), "chemin si scabreus entrerompus de doute" (CLIII), "périlleus passage" (CCXLIII), des images aquatiques "océan battu de tempeste et d'orage" (LIX), "mer tempestueuse" (CCCXC), "mer mutinée" (CCL), "mer de douleur" (CCXXXI) que par des images militaires "guerre bourrelle" (CLXXXVI), "camp hasardeus" (*Mespris*, p. 365) ou par des expressions plus abstraites attestant la misère de l'homme ici bas "magasin de pleur" (CI), "pois insupportable de tes jours" (XXIII), "jours entremeslez de regret et de

---

[6] Images qui rappellent cette "flamme fumeuse" et ces "journalières fleurs" (Sponde, II).

pleur" (CCLXVI), "périls, prisons, fers, tourmens" (CLXVII).[7]
A mesure que le poète avance dans sa peinture négative de la
vie, la condamnation devient de plus en plus sévère, les maux
de plus en plus accusés comme en témoigne l'expression sui-
vante "la fange de ceste vile terre" (CCXCIX), bannie de la
langue polie quelques décades plus tard. Plus pressante alors
devient la dénonciation de la tromperie et de tous les autres
vices mondains dont la terre est le miroir.[8]

> La terre est l'avarice en nos ames enclose,
> L'air, la légèreté et le jugement vain,
> Les rocs et les caillous, l'orgueil et le dédain,
> Nos esbas et plaisirs, la feuille d'une rose   (CCCLX)

Les beautés du monde naturel ainsi démasquées, la voix du
prédicateur ne s'éteint pas pour autant. Il faudra une ava-
lanche de sentences dénonçant les "appas pipeurs"
(CCCXIX), les "jeus importuns", les "vaines délices"
(CDXXXII), le "breuvage emmiélé" pour anéantir le "monde
pernicieux" (CCCLXIII).[9] Le coup final est pourtant donné par
la constatation suivante:

> L'homme verra que la vie ajointe à la misère,
> Sont deus frères jumeaus que la nature mère
> Fist ensemble enfanter, vivre, croistre et mourir
> (*Mespris*, sonnet isolé, p. 94)

Dans son entreprise de démystification, Chassignet n'é-
pargne pas celui qui est profondément en jeu, l'homme, mi-
crocosme et, par conséquent, reflet de toutes le défaillances
d'ici bas. Comment d'ailleurs mieux toucher ce "présumtueus
mondain" (CCCXXX) qu'en lui parlant de lui-même. Les sè-

---

[7] Sur l'imagerie aquatique et guerrière, voir Ortali, *op. cit.*, pp. 67–76;
voir aussi Dubruck, *op. cit.*, pp. 74–76.

[8] On semble là en désaccord avec cette observation de Dubruck, *op. cit.*,
p. 134: "Without realizing it, Chassignet, for whom (as we shall see further on)
the world and life were nothing but figure, image, simile for a more spiritual
reality of heaven, thus recreated and redeemed this world by retracing its
beauty."

[9] Cf. sonnets XCVIII, CCCLXXXIII, CCCXCIV et cette image plus ori-
ginale du "savon blanchissant soufflé par un tuyau de paille jaunissant/dont
un fol enfançon ses compagnons estonne" (XCIX).

mes "altérité", "extrémité", "instabilité" seront alors repris, cette fois associés au sème "humain" (cf. sonnets CL, CCVIII). La finitude inévitable inhérente à l'être humain est mille fois répétée à travers des sonnets-catalogues[10] pour aboutir à cette déclaration laissant à l'homme une note d'espoir:

> Dieu t'a fait pour surgir dans le havre de grace (CCLXIV)

Plus originale chez Chassignet s'avère sa présentation de l'homme en tant qu'organisme vivant, mais organisme sans cesse défaillant. Le poète se plaît, à la manière de Beckett, à mettre en scène des êtres qui perdent peu à peu l'usage de leur corps et qui en sont réduits à l'immobilité, à la paralysie, à la décrépitude.

> . . . . ore le pié te casse,
> Le genou s'afoiblist, le mouvement se lasse,
> Et la soif vient le teint de ta lèvre effacer (XV)

Etres dénués de leurs premiers atouts, réduits à l'humiliante dépendance, diminués par leur souffrance.[11]

> Tantost la crampe aus piés, tantost la goute aus mains,
> Le muscle, le tendon, et le nerf te travaille
> Tantost un pleuresis te livre la bataille,
> Et la fiebvre te poingt de ses trais inhumains;
>
> Tantost l'aspre gravelle espaissie en tes reins
> Tantost les boyaus de trenchante tenaille:
> Tantost une apostume aus deus poumons t'assaille,
> Et l'esbat de Vénus trouble tes yeus serains (XVIII)

Ou alors, ceux-ci sont figés dans le plus grand dépouillement:

> Nu tu sortis du maternel vaisseau,
> Et nu dois retourner appas du vermisseau (CCCXXX)

Alors que l'homme, selon Chassignet, devrait désirer la mort, terme à cette paralysie humiliante, le héros beckettien redoute le sort maléfique qui mettra fin à la paralysie rêvée.

---

[10] Voir aussi les sonnets IV, CXLII, CLIX, CLXI, CLXXXII, CCXLIX, CCCLI, CCCXCIII; A. Muller, *op. cit.*, pp. 20–21 signale l'accumulation comme trait de style chez Chassignet.

[11] Cf. sonnets XLV, CLVIII, CC, CCL, CCC.

Etre vraiment enfin dans l'impossibilité de bouger,
ça doit être quelque chose! J'ai l'esprit qui fond
quand j'y pense. Et avec ça une aphasie complète!
Et peut-être une surdité totale! Et qui sait une
paralysie de la rétine! Et très probablement une perte
de la mémoire! Et juste assez de cerveau resté intact
pour pouvoir jubiler! Et pour craindre la mort comme
une renaissance.[12]

Autre source d'humiliation pour l'homme sa chair, son corps
exposé dans toute sa vérité.[13] On reproduira ici les deux
premières strophes d'un sonnet souvent mentionné par la
critique pour signaler le réalisme funèbre de l'auteur.

Mortel, pense quel est dessous la couverture
D'un charnier mortuaire un cors mangé de vers,
Descharné, desnervé, où les os descouvers
Dépoulpez, desnouez, délaissent leur jointure.

Icy, l'une des mains tombe de pourriture,
Les yeus d'autre costé destournez à l'envers
Se distillant en glaire, et les muscles divers
Servent aus vers goulus d'ordinaire pasture (CXXXV)

La représentation de la corruption charnelle n'exprime pas ici,
comme chez Sponde, la hantise déraisonnée de l'homme de-
vant la mort conduisant à la remise en question de la mort en

---

[12] *Molloy* (Paris: Editions de Minuit, 1951), p. 217. A comparer aussi chez
ces deux auteurs leurs références à l'état prénatal, sorte d'âge d'or dont les
héros beckettiens expriment la nostalgie. Chez Chassignet, ce souhait est
souvent vu comme un désir naturel auquel l'homme seul est étranger:
Bref naturellement chacun aime et désire
Le lieu original d'où sa naissance il tire
Auquel mesmes il doit résider longuement:

L'homme seul dérivant comme plante divine
Du ciel spirituel sa seconde origine,
Préfère à sa patrie un long bannissement.   (CCXL)
Voir aussi CCLXXVII, CCCXCVII; il est vrai que la perspective est différente,
Chassignet suggérant ici l'origine divine tandis que Beckett évoque le désir
d'immobilité que l'homme a connu dans le ventre maternel. Mais les deux
auteurs ne font-ils pas en fait allusion à ce souhait d'a-temporalité, de stabilité
commun à tout homme?
[13] Cf. CCIV, CCCXIII; pour une étude des images du corps humain, voir
R. Ortali, *op. cit.*, pp. 52–56.

tant que volonté divine,[14] mais entrant dans l'entreprise de démystification de la vie, elle sert à démasquer la chair trompeuse et à humilier l'orgueil humain.

L'infirmité de l'homme ne se limite point à son seul organisme mais, prévisible dès son plus jeune âge dans cet "enfançon liez et maillotez" (CCCLII), elle se manifeste plus tard dans ses actions quotidiennes, dans ses "maigres passetems" (CCCXXV) qui accusent les traits les plus vils de sa nature: envie, orgueil, ambition, convoitise, déguisement. A la manière de Sponde, Chassignet dénonce le "mal vivre" énumérant les maux mondains, en général de manière moins concrète que son contemporain, dans des sonnets-catalogues (CXXXVI), des sonnets satiriques (CCVII) ou des sonnets à deux portraits contrastants (CCXIX) qui rappellent certaines pièces des *Regrets*.[15] La petitesse de l'être humain est rendue par des images qui évoquent une extension de volume conduisant à la difformité: "hommes vains, bouffis de folle audace" (CXIV), "hautains, boursouflez d'arrogance" (CXXXI), images qui rejoignent la lignée thématique de l'excès ("appétifs lascifs du coeur immodéré", CCXXIII; "soif de l'or [qui] les entrailles serre", CCCXV), également fort exploitée par Sponde. Dans le sonnet CCCLXXXI dont on citera ici les première et dernière strophes, l'auteur confesse son insatiable soif de connaissance qui l'a conduit à se fixer un horizon toujours plus lointain, toujours plus inaccessible, le rendant perpétuellement insatisfait de son état; vice qu'il a depuis lors résorbé:

J'ay voulu voyager, à la fin du voyage
M'a fait en ma maison mal content retirer;
En mon estude, seul, j'ay voulu demeurer,
En fin la solitude a causé mon dommage;

O imbécillité de l'esprit curieux,
Qui mescontent de tout, de tout est désireus,
Et douteus n'a de rien parfaite connoissance!

A la manière des auteurs existentialistes, Chassignet souligne

---

[14] Voir sonnet IX.
[15] Sur Chassignet et la Pléiade, on renvoie à R. Ortali, *op. cit.*, pp. 78–89.

le mécanisme déconcertant de nos actions, l'absurdité du vécu quotidien, condamnant du même coup une vie toute matérielle, extériorisée à l'extrême.[16]

> Il y a que tu bois, manges, veilles et dors,
> Dors, manges, veilles, bois, et destors et retors
> De ce même fuseau le filet variable (CLV)

Encore ce tableau farcesque digne d'un Beckett

> . . . filant, dévidant, renouant et tournant
> En ses propres filets se va emprisonnant,
> Ourdissant et tramant un ouvrage inutile (CLX)

Rendue souvent en termes d'activités négatives,[17] la notion de "mal vivre" est aussi latente dans l'inactivité de ce "Soldat du Monde, engourdis de paresse" (CXXIII), dans ces "cueurs engourdis . . . estrains d'un tel somme" (CXXXI). Inactivité qui doit être comprise ici comme sommeil de l'esprit, anéantissement de l'intériorité attendu d'ailleurs chez le "louager si mal fait de cervelle" (CC) qui mourra "étourdi, sans sçavoir rien de [lui]-mesme" (CCCXLI).

Une fois la vie démasquée, il convient de reconstruire le statut de la mort en annulant d'abord tout attribut négatif, à savoir en revalorisant le sème "extrémité". Incorporé dans le contenu sémantique de "mort", celui-ci est investi d'une valeur positive lorsqu'il est associé à la notion de cycle que l'on pourrait en fait rapprocher de la notion altérité-extrémité repérée plus tôt dans "vie".[18] Le poète opère le glissement sémantique progressif de la notion de mort en évoquant le modèle de la nature, le cycle même de la création. Dans la succession inlassablement répétée en phases identiques de la vie et de la mort où chaque fragment temporel trouve en l'autre son écho, se fondant en une réciprocité égalisatrice, la notion même de temporalité se trouve anéantie.

> Tu vois comme le grain sous la terre jetté
> Doit meurir et pourrir paravant qu'il renaisse

---

[16] Sur ces notions d'extériorité et d'intériorité, se référer à l'intéressante étude de J. Sacré, *op. cit.*, pp. 118–133.

[17] A la manière de Sponde; cf. sonnets III, IV, V, VIII, IX.

[18] Le même processus est exploité par Sponde aux mêmes fins.

Et que son tuyau vert contre le ciel redresse
Les barbillons pointus de son espie cresté (LXXX)

Ainsi, "l'homme de terre né . . . retournant à la terre, en la terre se change" (LXXXIV). "Apprivoisée", la mort s'installe alors dans le quotidien, dans le naturel; la "commune nécessité" peut alors être maîtrisée par la raison humaine. Le sème "extrémité", investi dans "mort" peut également être contrevalorisé par rapport aux sèmes négatifs de "vie". La mort devient alors "salutaire fin du mal incurable" (C), "breuvage [qui] avec un peu de mal chasse le mal cuisant" (CVII), repos souhaité par le "pèlerin cassé" (CCLIII), échappatoire aux "hasars de tant d'écueil mondain" (LIX); autant d'images de la mort bénéfique dont la plus frappante est celle du vieillard qui sort de ce monde "chantans et rians" (CCXLIV). Le sème "extrémité" est enfin revalorisé lorsqu'il est associé à la notion d'ouverture qui vient directement s'opposer à celle d'extrémité-clôture renfermée par "vie".

L'inévitable mort donne la vie à l'homme (LXXX)

Ou encore le "trespas gracieus" qui redonne la vie à l'âme ensevelie dans ce "charnel bastiment" (CXCII) vient rétablir l'équilibre rêvé où "le ciel au ciel redonne et la terre à la terre" (CLXXXVI). En démystifiant ainsi la notion d'extrémité, le poète parvient à dépouiller de son irrationnalité l'image obsessionnelle de la mort telle qu'elle avait été imposée à l'homme par des siècles de tradition.

Ostons le masque feint
Lors nous la treuverons autre qu'on ne la peint,
Gracieuse à toucher, et plaisante de face (XLIX)

A celui qui aura appris à mesurer sa faiblesse se présentera alors une variété de ressources qui le fortifieront dans sa lutte pour l'affranchissement du moi. Contre la crainte, Chassignet propose la réflexion lucide et la reconnaissance forcée du mal toujours présent, reconnaissance qui délivrera l'homme de son appréhension servile de l'inconnu.

Pensons donc à mourir, car peu de mal endure
Celuy qui dès long tems s'appreste à la mort dure (CDVI)

> Hélas, aimes-tu mieux mourir tousjours en doute
> Que vivre par la mort? celuy qui la redoute
> Ne fera jamais rien digne d'un homme preus (XVIII)

Ceci le conduit à préconiser une morale de "l'homme fort" qui consiste en l'engagement actif de l'homme dans une sorte de défi contre la mort où l'on reconnaît la notion éminemment stoïcienne de volonté.[19]

> Nous naissons pour agir, et tel est mon avis,
> Que l'homme valeureus de louange ravis,
> Doit mourir au milieu d'une entre-prise belle (CXLVI)

> Chevalier Chrestien, qui constant en bataille,
> Contre ses ennemis resolu'ment chamaille,
> Et non touché de peur fait sa commission
> Tousjours pret à mourir, il est en action (CXXIII)

Cette force volitive au coeur même de l'action, qui rend à l'homme son entière responsabilité face à la mort, joue chez Chassignet un rôle fondamental dans sa conception d'un idéal de conduite.

> Mais délaisser la vie en résolution
> Et mourir gouverneur de son affection
> C'est là le plus haut point de l'humaine Sagesse (CLV)

Il ne s'agit point ici de mort volontaire; le droit au suicide est à plusieurs reprises remis en question (XXVIII, XXII, CVII) et sévèrement condamné, la vie humaine n'appartenant qu'à Dieu qui peut nous la donner et nous la reprendre quand bon lui semble. A cause de ce don précieux de vie que Dieu nous fit, et du don que Jésus Christ fit généreusement de la sienne, le

---

[19] Voir sonnets XXXV, CXLVI, CLXII, CCXIV; Sur les sources stoïciennes, se rapporter à R. Ortali, *op. cit.*, pp. 29–44; sur le stoïcisme chrétien apparent dans l'oeuvre, voir dans le même ouvrage la page 49 et les commentaires de J. Sacré, *op. cit.*, pp. 128–133; sur l'influence de Du Plessis Mornay, on renvoie aux études de Mario Richter, "Due temi di Ph. Du Plessis Mornay e due sonetti di Jean Baptiste Chassignet", *SFr* (maggio-agosto 1962), 17, 276–279 et "Una fonte calvinista di Jean Baptiste Chassignet", *BHR* (1964) tome XXVI, 2, 341–362; sur l'influence de Montaigne, reste à signaler l'étude de E. Leake, Jr., "Jean Baptiste Chassignet and Montaigne", *BHR* (1961) tome XXIII, 282–295.

chrétien devrait vouloir le sacrifice que Jésus Christ voulut pour le sauver (cf. LXXXIII, CXXIV):

> Tu es mort le premier et si la mort m'emmeine
> C'est le but où je tens; qui de son capitaine
> Suit l'enseigne à regret, est un lasche soldart (CDXXXII)

Il est à remarquer qu'une vie longue est toujours valorisée négativement, signe évident du pessimisme de Chassignet quant à sa perception de la perfectibilité humaine (cf. XVI, CCL, CCCXXXV):

> Pauvre homme misérable, il vaut bien mieus tost suivre
> La mort avec honneur que de longuement vivre
> En honte et deshonneur des vices surmonté (CCXLIX)

Contrairement à Sponde qui bien souvent se borne à condamner l'adhésion trop exclusive de l'homme au monde terrestre sans donner de véritable recette pour un idéal de conduite, Chassignet élabore un peu plus sa conception du "bien vivre" qui va d'une profitable reconnaissance du fatal,

> Celuy meurt tousjours bien, qui vit comme mortel (LXXXVIII)

A une invitation à goûter honnêtement de la vie

> Tout ce que ceste vie a de plus convenable
> Embrasse le, et le gouste (XXIII)

> Travaille en équité, et tu vivras tranquille (CCV)

A l'approfondissement de la connaissance de l'intériorité[20]

> De la seule vertu, non pas de l'ornement
> Des illustres grandeurs, vient le contentement,
> Le repos, et le bien, que le sage doit suivre.

> Cherchons l'heur en dedans, et non pas en dehors,
> Au ciel non en la terre, en l'ame et non au cors.
> Assez riche est celuy qui sçait comme il faut vivre (CCXIX)

Pour aboutir à un "bien vivre" selon la foi chrétienne qui

---

[20] Cf. sonnets CII, CCXXXIII, CCCX où il recommande que "l'oeil soit tousjours au guet, le coeur en action" et ce vers du sonnet CDXXVII, "C'est trop dormir, mon ame, esveille, esveille toy" qui fait écho à la troisième strophe du sonnet X chez Sponde.

consiste à "faire à Dieu service" (CCIII), "vivre sainctement" (CCCXXIV), conduire sa vie "en telle honnesteté/qu'il serve à son prochain d'exemple et de lumière" (CCXC); en résorbant ses vices mondains, l'homme méritera la grâce de Dieu.

> Maintenant que tu vis, c'est le tems de semer
> Pour moissonner là haut, c'est tard se réformer
> Quant il faut habiter le morne cimetière (CCCVII)

Là encore, dans la conception de salut et de grâce, la capacité de vouloir reste primordiale, l'après mort divine ou infernale étant dans les mains de Dieu qui récompensera celui qui aura dépassé la bassesse de son corps.

> Si tu aimes le Ciel, céleste tu seras,
> Si tu aimes la terre, en terre tu cherras,
> Et, de terre vivant, tu deviendras terrestre (CCLXXIV)

L'homme qui porte en lui le péché originel devra passer par la mort, jugement, bilan de la vie ici bas qui décidera de sa vie future.

> Malheureus le valet qui tache de se mettre
> A la sujettion d'un infidelle maistre,
> Prenant pour le salut le triste damnement (CCCLXXIV)

A l'encontre de Sponde, l'on ne sent point ici le conflit sans issue entre chair et esprit. Plusieurs sonnets font allusion aux "brasiers de la chair sensuelle" (CLXXXVI) auxquels le mondain est sans cesse exposé (LXII, CXXXII, CXCIX, CCCXC) tandis que d'autres évoquent plus précisément le conflit intime du poète (CXCIX, *Mespris*, p. 365, CDXVIII, CDXXXII) mais à chaque fois sa foi le sauve de la tentation.[21] Ainsi celui-ci où le poète proclame triomphalement sa purification par le baptême:

> . . . . . ta mort m'a purgé et par le charactère

---

[21] Chez Sponde, par contre, l'issue du combat reste souvent douteuse, cf. sonnets VII et XII. Dans les sonnets sur la tentation, on reconnaît l'influence biblique dont l'ouvrage de Chassignet est fortement imprégné. Voir à ce sujet R. Ortali, *op. cit.*, pp. 45–51 et A. Muller, *op. cit.*, qui note soigneusement au cours des poèmes les références bibliques.

> De l'onde du Baptesme, amirable mystère,
> En toy regeneré, j'ay domté le péché (CDXXIII)

Enfin, bien que la vie prochaine soit encore souvent ressentie comme l'envers de la vie terrestre ("la maison nouvelle" vs "le logis ruineus et cassé", CC; "autre vie, autre estat, autre Cité plus belle", XVI; "célestes thrésors", CCCXI vs "thrésors injustement gaignez des avares effrenez", XVI; "quartier plus seur", CC vs "lieu glissant", CLIX), l'au-delà, ici plus rarement défini en fonction de l'aspect temporel, garde ses attributs chrétiens de rachat, réconciliation de la chair et de l'esprit, salut.

> Et jouissant là haut d'une paix éternelle,
> Le cors ne sera plus à son ame rebelle,
> Ny l'esprit de son cors si longuement privé (LXXIX)

Engagés dans des réflexions parallèles, Chassignet et Sponde parviennent à des conclusions différentes en réponse au problème existentiel de l'homme. Le parcours méditatif du premier s'organise selon les lignes déconstruction-reconstruction. Il s'agit en effet pour Chassignet de balayer toute représentation trompeuse de la vie et de la créature humaine. Table rase qui conduira à la lucidité, à la réflexion sereine couronnée par le savoir mourir. Une fois sa faiblesse mesurée, une fois la menace reconnue, l'homme pourra dépasser la crainte et accepter la réalité "de bon coeur" en se tournant vers la mort chrétienne dont la récompense suprême est la promesse de la vie éternelle. Là commence la reconstruction, reconstruction de la vie qui se fait par l'élaboration d'un art de vivre, d'une sagesse à la mesure humaine. Sans jamais oublier que cette vie n'est que provisoire, l'homme, activement engagé devra la mener avec droiture, la vivre selon la foi chrétienne en s'efforçant de dépasser les faiblesses de sa chair et en se soumettant à un long processus de purification pour mériter la Grâce de Dieu.

Issus d'un déchirement intérieur, les *Stances et Sonnets de la Mort* expriment les tâtonnements d'un être qui demeure en fait toujours au niveau de l'interrogation. Les ressources les plus diverses (engagement actif, Dieu qui reste là un bien vague secours) proposées dans l'espoir de trouver un remède à ce malaise qui va toujours croissant s'avèrent inefficaces. Le poète aboutit pourtant à la certitude que seule la reconnaissance forcée de la menace perpétuelle lui ouvrira les portes de la lucidité sur la condition humaine. Il est vrai qu'ayant la mort comme point de départ, les deux oeuvres se penchent sur la vie; l'ordre des priorités n'est pourtant point le même chez les deux auteurs. Plus franchement didactique, le *Mespris* vise principalement au savoir mourir, préparé par le processus de déconstruction et fortifié en quelque sorte par le processus de reconstruction. D'ailleurs, Chassignet proclame triomphalement à la fin de son recueil "JE CHANTE ICY LA MORT", à savoir "je suis réconcilié avec la mort, suivez-moi et vous serez de même." De plus, la vie n'est jamais pour lui autre que tremplin, étape nécessaire pour se préparer au mourir et accéder au "vray bien". Par contre, pour Sponde qui cherche avant tout une réponse personnelle à sa propre angoisse, la mort n'est que prétexte à une réflexion sur la vie et sur la condition humaine. Ce qui lui importe plus que tout, c'est de mettre à profit cette vie précieuse, généreusement octroyée par Dieu. Et c'est précisément là que se profile la solution, là que la boucle est bouclée; car c'est l'image obsessionnelle de la mort qui a déclenché la réflexion sur la vie et c'est, dans cette vie même, que se trouve la réponse au problème initial: "APPRENS MOY DE BIEN VIVRE AFIN DE BIEN MOURIR".

L'un enseignant à bien vivre et l'autre à bien mourir, Sponde et Chassignet se rejoignaient par delà leurs différences, dans leur effort commun de trouver une réponse au tourment perpétuel de l'homme. Leurs tentatives ne resteraient pas sans écho; elles ouvriraient la voie à d'autres qui, à leur tour, exploiteraient la veine inépuisable de la MORT.

Conclusion

Notre méthode d'analyse s'est justifiée d'elle-même au cours de cette étude. Répondant parfaitement à l'esthétique de l'oeuvre, elle nous a permis, dans le cadre d'analyses syntaxiques et sémantiques d'examiner la structure profonde des textes poétiques et a mis à jour certains aspects de l'oeuvre spondienne jusqu'à présent négligés par la critique.

On a pu ainsi réexaminer les "catégories littéraires" dans lesquelles la critique a jusqu'alors classé les *Sonnets de la Mort*, à savoir oeuvre baroque, oeuvre maniériste. On a écarté la catégorie baroque, l'oeuvre spondienne ne répondant pas aux caractéristiques de la stylistique baroque, voire à l'excès, l'exubérance, l'accumulation, la disproportion. Et si l'on a reconnu certaines tendances maniéristes dans le tour elliptique de la pensée, la concision, le traitement antithétique, on préfère à cette classification limitée celle de pré-classique qui marque un tournant très net en cette fin de siècle vers une esthétique qui atteindrait son point culminant avec Boileau. Les *Sonnets de la Mort* présentent déjà la plupart des éléments stylistiques recommandés un siècle plus tard par le théoricien du classicisme; ordre, symétrie, régularité, clarté, simplicité, goût de la mesure, subordination de la forme à la pensée, rigoureuse

101

élaboration, autant de procédés qui y sont scrupuleusement observés. De plus, on a noté que Sponde n'était pas un poète de vogue, choisissant les figures de style préconisées par les théoriciens du jour. Comme l'auteur classique, il sacrifie la mode passagère pour ce qui dure et, puisant dans la rhétorique traditionnelle ce qui convient le mieux à ses besoins personnels, il réussit à reproduire la complexité psychologique et à fixer à travers les siècles une expérience des plus intimes.

Quant à la question d'originalité de l'oeuvre, on a constaté qu'elle ne venait point de la thématique, thématique qui inspire alors poètes et prosateurs répondant certes au besoin d'un public constamment aux prises avec la mort mais plus encore au besoin de compréhension partagé par tout homme face à sa condition de créature menacée. Le message que le poète transmet à partir de la constatation de la menace à venir reste toutefois personnel. Message, a-t-on précisé, rarement explicité mais qui est là si on lit le texte avec attention. S'il s'inscrit dans la lignée de la jeune Renaissance, s'il rappelle l'enthousiasme un peu exubérant du "Carpe diem", ce message semble toutefois surgir d'une réflexion plus mûre, d'une méditation plus poussée sur la vie. C'est dans cette mesure qu'il anticipe la réponse d'un Montaigne qui, inutile de préciser, est présentée de manière beaucoup plus élaborée par ce dernier. En réponse à l'angoisse existentielle de l'homme, Montaigne propose quantité de ressources qui aboutissent à un véritable art de vivre tandis que Sponde se borne à une première ébauche d'un "bien vivre"; il y fait sans cesse allusion en dénonçant le "mal vivre" mais sans jamais définir cet art de vivre qui conduira l'homme au "bien mourir". Engagé dans une torturante expérience d'ordre religieux, semble-t-il, souffrant le passage du temps, le poète n'est pas en mesure de proposer une recette à cet art de vivre. Et c'est précisément de ce caractère existentiel, de cet aspect "chant d'expérience" que l'oeuvre tire sa plus grande originalité.

Du point de vue de la forme, l'originalité de l'oeuvre réside dans l'emploi que le poète fait de certaines figures de style. Plusieurs principes structurateurs ont été notés au cours des analyses, opposition, parallélisme (symétrie), amplification, répétition, ce dernier procédé plus particulièrement exploité par Sponde. On a en effet repéré plusieurs techniques parmi lesquelles la répétition d'un modèle syntaxique ou d'un élément syntaxique, l'expansion dynamique réalisée à l'aide de la simple répétition d'un mot, d'une sonorité ou se manifestant comme reprise de structures syntaxiques identiques à partir d'un noyau syntaxique, la pratique du vers rapporté qui n'est autre que la reprise de structures syntaxiques identiques, symétriquement ordonnées et souvent renfermant un contenu sémantique équivalent. On a souligné également chez le poète le goût de la mise en relief qui est une sorte d'alternative à la répétition, par exemple à travers la construction prépositionnelle, à travers l'emploi du rejet qui facilite la mise en valeur de mots-clefs, à travers l'utilisation fréquente du démonstratif à caractère insistant, autant de procédés qui révèlent le désir de focaliser, la volonté d'imposer aussi bien à la vue qu'à l'oreille. Reste à signaler la redondance sémantique qui semble parfois être à la base même du processus créateur, le texte étant alors fondé sur une ou deux phrases nucléaires.

Pourquoi donc chez Sponde cette technique de la répétition reparaît-elle avec insistance? Pourquoi aussi cette volonté d'appauvrir la substance thématique? Le poète manquait-il d'expertise, manquait-il d'inspiration. Certes non; par cet emploi délibéré de la répétition au niveau de la forme et du fond, le poète satisfaisait un besoin d'expression. Plus que simple figure de style, la répétition devenait l'expression d'une croyance, le fruit d'une expérience vécue; c'est à travers elle que se profilait la réponse au problème posé. Elle s'imposait comme une sorte de thérapeutique dans la mesure où le poète, se forçant à entendre ce qu'il ne voulait pas entendre, pratiquait ainsi une reconnaissance forcée du tourment perpétuel. Mais aussi, par un certain aspect didactique dont l'oeuvre n'est point tout à fait exempte, il forçait son lecteur aussi bien à ''voir'' cette répétition à travers l'organisation de la syntaxe sur la page blanche qu'à ''entendre'' ce que lui, non plus ne voulait pas entendre, exploitant inlassablement le champ sémantique temporel.

Alors que ses contemporains, Montaigne, Du Plessis-

Mornay, Chassignet se plaisaient à élaborer sur l'angoisse existentielle de l'homme et à dresser des inventaires de ressources visant à l'acceptation de l'inévitable, Sponde se bornait à "pratiquer" sur la page blanche la reconnaissance de cet inconnu qui asservit l'homme. Car il avait compris que le permier pas dans cette lutte pour l'affranchissement du moi et dans cette recherche du "mieux vivre" ne pouvait se faire que par une préparation, une habitude de pensée. Ainsi, par "une poétique de l'accoutumance" où fond et forme visaient au même but, Sponde répondait à un besoin personnel, à l'attente d'un public désarmé par la situation déconcertante du jour aussi bien qu'à l'angoisse de l'homme d'aujourd'hui devant l'absurdité de sa condition ici bas. Cette réponse qui frappe tant par sa simplicité que par sa lucidité traverserait les siècles, immortalisant le poète ingénieux et l'homme qui avait opté pour la vie.

Glossaire

ACTANT: (terme emprunté à Tesnière). Utilisé dans la partie syntaxique, dans l'expression 'verbe à deux actants', connu dans la grammaire traditionnelle sous le nom de verbe transitif. Cette expression permet la distinction entre verbes à deux actants et verbes à trois actants (verbes de dire et de don), distinction que la grammaire traditionnelle ne fait pas car elle regroupe ces deux types de verbes sous le nom de verbes transitifs.

ACTANT: (notion empruntée à Greimas). Unité discursive se définissant par les prédicats (tant qualificatifs que fonctionnels) qui lui sont attribués. Le système actantiel de Greimas comprend six actants répartis sur trois axes:

sujet	objet
destinateur	destinataire
adjuvant	opposant

ACTEUR: (notion empruntée à Greimas). Terme complémentaire d'actant. Les actants sont des classes d'acteurs. L'acteur se présente comme l'investissement particulier d'un actant. Les acteurs sont donc les instances qui agissent. Leurs activités sont des actions. Celles-ci peuvent être "subir un événement" ou "causer un événement". Les acteurs ne sont pas nécessairement humains.

DIATHESE: (notion empruntée à Tesnière). Désigne les "variétés" dans la voix transitive. Ces variétés ou "sous-voix" sont au nombre de quatre: 1) la diathèse active telle qu'elle apparaît dans un verbe à deux actants où l'action transite du premier sur le second actant. Le prime actant est pleinement actif tandis que le second subit l'action; 2) la diathèse passive se manifeste dans la forme passive. Le prime actant subit l'action exercée par le second actant; 3) la diathèse réfléchie se manifeste dans le substantif possessif réfléchi. Le prime actant est la même personne que le second actant. Il fait transiter l'action sur lui-même; il est donc d'abord actif, puis passif; 4) la diathèse réciproque; les primes actants sont simultanément actifs et passifs.

DYSPHORIQUE: Dans la catégorie proprioceptive, dysphorique désigne la valeur axiologique négative; s'oppose à euphorique.

EQUIVALENCE: Type de connexion entre des éléments distincts; rapport de ressemblance qui peut se produire à différents niveaux (syntaxique, phonologique et sémantique).

EUPHORIQUE: Dans la catégorie proprioceptive, euphorique désigne la valeur axiologique positive; s'oppose à dysphorique.

ISOTOPIE: (terme emprunté à Greimas dont nous réduisons l'extension ici en ne considérant que le niveau sémantique; chez Greimas, cette notion peut être appliquée à d'autres niveaux: morphologique, syntaxique, phonique, etc.). Le terme isotopie est basé sur le concept de redondance. Ici, l'isotopie se définit comme la répétition significative de lexèmes (isotopie lexématique), de sémèmes (isotopie sémémique) ou de sèmes (isotopie sémique). Ce sont ces accumulations lexématiques, sémémiques ou sémiques qui déterminent la structure thématique d'un texte.

LEXEME: Le lexème renvoie à une référence extra-linguistique; il représente le "sens global" du signe. D'après Dubois et al., *Dictionnaire de linguistique*, Paris, Larousse, 1974, le lexème représente l'unité de base de la lexicologie et le sémème, l'unité de base de la sémantique.

LIGNEE (REGION) SEMIQUE: Celle-ci est constituée par une série de termes qui contractent sur le plan de la substance du contenu, des rapports de similarité.

MATRICIELLE, PHRASE: appelée aussi phrase minimale ou phrase nucléaire, (terminologie empruntée à Riffaterre, *La Production du texte*) désigne une phrase dont les composantes engendrent des formes plus complexes.

METAPHORIQUE (ISOTOPIE): Isotopie ou faisceau isotopique élémentaire entretenant une relation d'équivalence avec l'isotopie de premier ordre (les lexèmes appartenant à l'isotopie de premier ordre partagent en commun des sèmes avec les lexèmes appartenant à l'isotopie élémentaire). Suivant Rastier (Systématique des isotopies), "métaphore désigne toute isotopie élémentaire ou tout faisceau isotopique élémentaire établi entre deux sémèmes ou groupes de sémèmes appartenant à deux champs distincts. La relation d'isotopie (elle marque une équivalence: c'est une relation conjonctive) est établie au niveau des sèmes nucléaires centraux; en revanche, une relation d'opposition (relation disjonctive) est établie au niveau des sèmes nucléaires périphériques."

METASEMEME: mot outil, vide de contenu.

MODALISANT: terme évaluatif, portant l'empreinte du procès d'énonciation (approbation, rejet, etc.).

MODALISATION (ISOTOPIE DE): Isotopie qui n'existe pas par elle-même mais en fonction de l'isotopie de premier ordre avec laquelle elle est en relation de déterminant à déterminé. Le groupe de Liège (*Rhétorique de la poésie*) distingue entre les séries modalisantes ou "isotopies subjonctives" et les séries autonomes ou "isotopies indicatives".

SEME: Propriété d'un lexème; unité minimale à la base du sémème. Dans *Sémantique structurale*, Greimas explique: "le sème s est un des éléments constituant le terme-objet A . . . celui-ci au bout d'une analyse exhaustive, se définit comme la collection de s1, s2, s3, etc."

SEME-THEME: Lorsqu'un sème s'actualise directement à la surface lexématique d'un texte, on peut nommer ce sème sème-thème.

SEMEME: Complémentaire de lexème; le sémème est un composé de sèmes; il désigne les différentes valeurs du lexème, les variations contextuelles.

STRUCTURE PROFONDE ET STRUCTURE DE SURFACE: Sur le plan du contenu, le niveau de surface est représenté par les sémèmes dont la combinaison aboutit à la construction d'énoncés sémantiques. Le niveau profond est constitué de sèmes.

𝔖cripta humaniſtica

Published Volumes

D. W. McPheeters, *Estudios humanísticos sobre la "Celestina."* $24.50.

Everett W. Hesse, *The "Comedia" and Points of View.* $24.50.

Marta Ana Diz, *Patronio y Lucanor: la lectura inteligente "en el tiempo que es turbio."* Prólogo de John Esten Keller. $26.00.

Estudios literarios en honor de Gustavo Correa. Eds. Manuel Durán, Charles Faulhaber, Richard Kinkade, T. A. Perry. $25.00.

Francisco Delicado, *Portrait of Lozana: The Exuberant Andalusian Woman.* Translation, introduction and notes by Bruno M. Damiani. $33.00.

Renaissance and Golden Age Studies in Honor of D. W. McPheeters. Ed. Bruno M. Damiani. $25.00.

James F. Jones, Jr., *The Story of a Fair Greek of Yesteryear.* A Translation from the French of Antoine-François Prévost's *L'Histoire d'une Grecque moderne.* With Introduction and Selected Bibliography. $30.00.

Colette H. Winn, *Jean de Sponde: Les sonnets de la mort ou La poétique de l'accoutumance.* Préface par Frédéric Deloffre. $22.50.

109

Paul A. Gaeng, *Collapse and Reorganization of the Latin Nominal Flection as Reflected in Epigraphic Sources.* Written with the assistance of Jeffrey T. Chamberlin. $24.00.

Salvatore Calomino, *From Verse to Prose: The Barlaam and Josaphat Legend in Fifteenth-Century Germany.* $28.00.

Philip J. Spartano, *Giacomo Zanella: Poet, Essayist, and Critic of the "Risorgimento."* Preface by Roberto Severino. $24.00.

Forthcoming

Carlo Di Maio, *Antifeminism in Selected Works of Enrique Jardiel Roncela.* $20.50.

Jack Weiner, *"En busca de la justicia social: estudio sobre el teatro español del Siglo de oro,"* $24.50.

Edna Aizenberg, *The Aleph Weaver: Biblical, Kabbalistic, and Judaic Elements in Borges.* $25.00.